农村政策与管理系列丛书

主编　崔富春

农村档案管理

王改娇　张　辉　宗艳芹　编著

中国社会出版社

图书在版编目（CIP）数据

农村档案管理/王改娇，张辉，宗艳芹编著. —北京：中国社会出版社，2010.1

（农村政策与管理系列丛书/崔富春主编）

ISBN 978-7-5087-2929-9

Ⅰ.①农…　Ⅱ.①王…②张…③宗…　Ⅲ.①农村—档案管理—基本知识　Ⅳ.①G275.9

中国版本图书馆 CIP 数据核字（2009）第 207662 号

丛 书 名：农村政策与管理系列丛书
书　　名：农村档案管理
编　　著：王改娇　张　辉　宗艳芹
责任编辑：王秀梅　逄玉静

出版发行：中国社会出版社　　邮政编码：100032
通联方法：北京市西城区二龙路甲 33 号新龙大厦
电话：（010）66080300　　（010）66083600
（010）66085300　　（010）66063678
邮购部：（010）66060275　电传：（010）66051713
网　　址：www.shcbs.com.cn
经　　销：各地新华书店

印刷装订：北京电影出版社印刷厂
开　　本：140mm×203mm　1/32
印　　张：6.375
字　　数：160 千字
版　　次：2010 年 1 月第 1 版
印　　次：2014 年 3 月第 3 次印刷
定　　价：12.00 元

总序　造就新农民　建设新农村

李学举

党的十六届五中全会作出了建设社会主义新农村的战略部署。在社会主义新农村建设过程中，大力发展农村文化事业，努力培养有文化、懂技术、会经营的新型农民，既是新农村建设取得进展的重要标志，也是把社会主义新农村建设不断推向前进的基本保证。

为落实中央的战略部署，中央文明办、民政部、新闻出版总署、国家广电总局决定，将已开展三期的“万家社区图书室援建和万家社区读书活动”由城市全面拓展到农村，“十一五”期间计划在全国三分之一以上的村委会开展农村图书室援建和读书活动，使两亿多农民由此受益，让这项造福城市居民的民心工程同时也造福亿万农民群众。中央领导同志对此十分重视，中共中央政治局委员、国务院副总理回良玉同志作出重要批示：“发展农村文化事业是新农村建设的重要内容，也是农村发展中一个亟待加强的薄弱环节。在农村开展图书室援建和读书活动，为亿万农民群众送去读得懂、用得上的各种有益书刊，对造就有文化、懂技术、会经营的新型农民，满足农民全面发展的需求，将发挥重要作用。对这项事关农民切身利益、事关社会主义新农村建设的重要活动，要精心组织，务求实效。”

中共中央政治局委员、中央书记处书记、中宣部部长刘云山同志也作出重要批示。他指出：“万家社区图书室援建和万家社区读书活动，是一项得人心、暖人心、聚人心的活动，对丰富城市居民的文化生活、推动学习型社区建设发挥了重要作用。这项活动由城市拓展到农村，必将对丰富和满足广大农民群众的精神文化生活，推动社会主义新农村建设发挥积极作用。要精心组织，务求实效，把这件事关群众利益的好事做好。”

为了使活动真正取得实效，让亿万农民群众足不出村就能读到他们“读得懂、用得上”的图书，活动的主办单位精心组织数百名专家学者和政府相关负责人，编辑了“建设社会主义新农村书屋”。“书屋”共分农村政策法律、农村公共管理与社会建设、农村经济发展与经营管理、农村实用科技与技能培训、精神文明与科学生活、中华传统文化道德与民俗民风、文学精品与人物传记、农村卫生与医疗保健、农村教育与文化体育、农民看世界等10大类、1000个品种。这些图书几乎涵盖了新农村建设的方方面面。“书屋”用农民的语言、农民的话，深入浅出，使具有初中文化水平的人就能读得懂；“书屋”贴近农村、贴近农民、贴近农村生活的实际，贴近农民的文化需求，使农民读后能够用得上。

希望农村图书室援建和农村读书活动深入持久地开展下去，使活动成为一项深受欢迎的富民活动，造福亿万农民。希望“书屋”能为农民群众提供一个了解外界信息的窗口，成为农民学文化、学科技的课堂，为提高农民素质，扩大农民的视野，陶冶农民的情操发挥积极作用。同时，也希望更多有识之士参与这项活动，推动农村文化建设，关心支持社会主义新农村建设。

值此“新农村书屋”付梓之际，以此为序。

目 录

第五章　农村档案的鉴定、保管、统计

第六章　农村档案的利用

第七章　新型农村档案管理模式的法律分析

第一章　农村档案与农村档案工作

第一节　农村档案

一、农村档案的概念

什么是农村档案，这是一个不太确定的概念。传统观念认为它主要包含行政村档案和乡镇人民政府单位档案。

行政村档案这一概念，目前在档案学界尚无定论。实际工作中，这个名词的运用也比较混乱，有的地方用“农村档案”，有的用“村级档案”，也不乏“行政村档案”的称谓。虽然理论上农村、乡、镇、行政村各有所指，但时下人们一提到行政村档案，往往将其与农村档案混为一谈，又将农村档案等同于乡镇、行政村产生的档案。

将行政村、农村、乡镇混淆的认识有其深刻的历史渊源。20世纪50年代末期至80年代初期，我国曾实行“政社合一”的农村人民公社制度，它包括公社、生产大队、生产小队三级。党的十一届三中全会以后，为了适应农村经济体制改革的发展，我国开始实施政社分开，恢复乡镇政权建制，并按村民居住地区建立村民委员会，一个村委会领导一个行政村。但受习惯性思维的影响，农村依然成为行政村的代名词。

农村，有时也称乡村，它是一个社区性概念，指的是生产结构以农业为主、人口分布比较分散的广大地区。它既可以指自然村，也可以指行政村，还可指由若干个行政村组成的乡。

乡镇则有广义和狭义之分。广义的乡镇由乡村和集镇两个词组成，包括这两方面地域。狭义的乡镇是一个政治学概念，它指的是按照一定的法律程序设置的一种行政区域建制。乡镇政权是我国农村的基层政权，是国家依法在农村建立的最基层的政权组织。

行政村也是一个政治学概念，其行政组织——村民委员会是我国基层的群众性自治组织，不具有国家政权性质。由于档案总是由特定的组织或个人形成，而农村涵盖了行政村和部分乡镇的外延，农村档案这个名词指向不明确，准确地说应该称乡镇档案或行政村档案。1998 年的《乡镇档案工作试行办法》将乡镇档案规定为“乡镇党委、政府、人大主席团、社会团体（简称乡镇单位）、企业事业单位在工作业务活动中直接形成的，对国家和社会有保存价值的各种文字图表声像等不同形式的历史记录”。乡镇档案主要是由乡镇单位形成的，同省、市、县等其他级别的国家单位一样，乡镇档案属于国家所有。本书所讨论的农村档案仅限于行政村档案，我们将其界定为行政村党支部、村民委员会及其分支机构、共青团、妇联等组织在其工作活动中直接形成的具有查考和保存价值的各种不同形式和载体的历史记录。

根据国家有关规定，行政村收集、整理的档案，归行政村所有；村民个人依法继承或取得的档案资料，归个人所有，它们都受到法律的保护。同时行政村和村民个人所有的对国家和社会具有保存价值或者应当保密的档案，档案所有者应当妥善保管，不得非法买卖。

本书重点阐述行政村档案，为了表述的方便，书中也将行政村档案称为农村档案。

二、农村档案的种类

行政村档案按门类可分为文书档案、科技档案、会计档案、声像档案和实物档案。各门类档案包含的详细内容将在第二章第二节“文件材料的归档与收集”中作介绍，本节只对这些种类的档案进行一些说明。

现行的农村档案，转变了以往只重视政策性、事务性、财务性、物资性文件材料，树立了“民生档案”的观念，进一步建立了较为全面的档案种类。因为农村的改革发展是为了广大农民，依靠的也是广大农民，其成果也应是由广大农民来共享。因此，农村档案的主要利用者是农民，农村档案工作的主要服务对象也是农民。

在所有列举的农村档案种类及其详细内容中，传统的农村档案已经有了很大的突破，除原有的村委会选举、文书、会计、基本建设、婚姻状况证明、地籍管理、经营管理、山林证、农村土特产品、科技信息、声像、实物等，又扩充、容纳了新型农村合作医疗、土地二轮承包、山林承包、社会保障、各种农业试验区、示范区、农业综合开发项目、农产品生产与销售、农民技术培训、农民健康体检、移民档案、暂住人口、农民工等范围的文件材料。同时，现行的农村档案工作还在指导和帮助农业经营大户、致富带头人、科技示范户、文化遗产继承人、农村各界名人等基础上建立了家庭档案。随着村办企业、民营企业、新的合作经济组织和社会服务组织的不断产生，它们形成的档案材料也应及时纳入农村档案资源体系当中，并相应建立新型社会组织的档案工作。

三、农村档案的价值

档案的价值是指档案对国家、社会组织或个人的有用性，它在社会活动中的具体表现就是档案的作用。档案的作用通常是指档案对人们所从事的社会实践活动的影响。

农村档案的作用可以概括为凭证作用和参考作用。

农村档案是关系民生、化解矛盾、维护稳定、促进农村社会和谐的必要条件。从总体讲，它在促进农业生产力发展、加强农村基层民主政治建设、推进农村基层组织规范化建设、构建农村和谐社会等方面都有着不可替代的作用。长久以来，农村档案一直在为农村富民政策的落实、农业产业化标准化的推行、农业科技推广应用、农村土地管理和使用、农村计划生育等方面提供针对性强、富有成效的服务。

以下的一些实例说明了农村档案在农村各项活动中所发挥的作用：

在社会主义新农村建设中，档案为解决农村纠纷、维护农村稳定、增强农村党组织的凝聚力、战斗力发挥了重要作用。青海省××县日月乡牧民与××州共和县牧民因草山牧场问题多次产生纠纷，并发生过械斗，造成农牧民伤亡。省委省政府组织工作组进驻该地区后，查到了1964年省委关于调解两县草山纠纷的批示后，平息了事端，维护了该地区的社会稳定。××县九所镇四所村两户村民1997年为宅基地发生争执，村委会曾经作过调解，但当时没有打桩定界，2004年，两家又为界址发生争执，村委会拿出1997年的调解记录，纠纷很快得到解决。

档案为新型的农业生产提供了直接的帮助。宜都蜜柑集团的档案，记录了生产过程中使用农药、肥料以及产品注册等方面的情况，使其产品在对欧美销售及向沃尔玛连锁店供货过程中，能够顺利通过检验与认证，并提高了产品的知名度和销售量。

档案可以帮助村镇提高知名度，提升形象。安徽省××县宅坦村以丰富的档案资源为依托，编写了两本图书，制作了12块档案展板。村委会主任以这些档案为依据，做客安徽卫视某谈话节目，介绍本村历史名人胡雪岩及相关人物资料。国内很多高等院校学者都利用该村档案，撰写博士、硕士论文，学术专著等，这些大大提高了宅坦村在国内外的知名度。目前已接待近万人参观。

移民档案为维护移民的权益、落实国家政策发挥了积极的作用。2006年国家出台政策对原迁移民给予资金补助，移民档案立刻成为各个时期工程移民政策落实的依据。辽宁本溪桓仁县有 7 座大中型水库，原迁移民近 10 万人口，许多人需要档案来解决困难。档案室存放的历次原迁移民登记资料发挥了重要作用。在一年时间里，查阅移民档案的群众达 3 千多人次，查阅移民档案 1 万多卷次。

档案为领导决策提供依据。新都柚是某区新都县地方良种柚品种，连续多次荣获省、市优质产品第一名，主要产于新都坝区。在发展“三高”农业中，丘陵区的石板滩镇计划把种植新都柚作为重点项目之一，但本地土质是否适合其生长没有把握。通过查阅档案，了解了当地土壤理化性质，经过专家论证，得出丘陵区也适宜种植的结论，使该镇领导很快作出决策。仅 2003 年秋季，全镇发展新都柚 12 万株。

档案为推广先进农业技术提供数据。某县龙虎镇处于本县尾水地段，历年水稻栽插进度处于全县末尾。由于迟栽面积大，影响了全镇粮食产量。2003 年，经过查阅档案，对历年生产进度和粮食产量进行分析，改变了过去等上游栽完了才突击栽种的习惯，适当早收早春作物早腾田，收一块栽一块、抢在上游大量用水之前赶种部分面积的策略，使该镇 2003 年水稻栽插进度较往年提前五天。

第二节 农村档案工作

农村档案是我国农村政治、经济、科技、文化教育和村民自治活动的真实记录和重要依据，农村档案工作是一项关系到农村经济社会发展、农民切身利益的重要的基础性工作，做好农村档案工作，是农村和档案工作部门的共同责任。

一、农村档案工作的性质

农村档案工作是根据党和国家关于档案工作的基本原则，结合农村工作实际，以科学的方法管理和开发农村档案信息资源，为农村的各项社会活动服务的工作。

（一）农村档案工作的管理性

由于档案本身具有原始记录性的本质属性，这就决定了档案工作始终都应以维护和确认档案原始属性作为基本任务，从而使档案工作区别于其他各类管理工作。

行政村档案工作是农业和农村各项工作的基础环节之一。行政村保管的档案，是行政村各项活动的历史记录，同时也为行政村日常管理活动的正常进行提供依据和参考，因此它是农村管理工作不可缺少的组成部分。农村档案工作对于发展农村基层民主，维护农村经济利益、合法权益和历史真实面貌具有重要的作用，因此，行政村应当重视档案工作，加强领导，将档案工作纳入行政村规范化管理要求和各项建设内容，发挥其在信息社会的独特作用。

农村档案工作是农村工作的重要组成部分。农村档案工作的管理性主要是通过农村档案工作的服务性来实现的。

（二）农村档案工作的服务性

服务性是农村档案工作赖以生存和发展的基础。农村档案工作既不直接生产物质财富又不直接从事管理、科学研究等活动，它是通过提供农村档案为农村各项社会实践活动的服务来推动生产力发展与社会进步的。农村档案工作实现自身价值的这种特殊途径，决定了它是一项服务性工作。

在具体的工作实践中，应当建立健全行政村档案工作各项管理制度，采取必要的措施和手段，确保村级各类档案收集齐全、保管有序和利用方便。

（三）农村档案工作的政治性

档案工作的服务方向是档案工作政治性的集中表现。档案工作历来都是为一定的阶级所掌握，为一定的社会制度和一定的路线、方针政策服务。现在，为建设有中国特色的社会主义服务，为社会主义新农村建设服务，是我国农村档案工作的重要表现。

此外，农村档案工作的政治性还体现为它具有一定的保密性。

农村档案工作应因地制宜、切合实际，按照当地经济发展水平，与新农村建设保持一致，与农村各项文化事业等工作同步发展。

二、农村档案工作的原则

农村档案工作的基本原则是：集中统一管理农村全部档案，维护农村档案的完整与安全，便于农村各项工作的有效利用。这个基本原则包含三层含义，一是集中统一管理农村全部档案，即各农村要将各单位的档案集中起来管理，任何团体和个人不得据为己有。二是维护农村档案的完整与安全，即采取各种措施保证农村档案的数量与质量，确保其安全。三是做好农村档案的基础工作，主动为农村各项工作服务，便于农村各项工作的有效利用。

实际工作中有以下的一些基本做法应当注意遵循：

（一）每个行政村村民委员会为一个立档单位，所形成的档案原则上自行保管，方便利用。不具备统一保管条件的行政村，其档案可暂时由乡（镇）代管，并指定专人负责本村档案的收集与移交工作。

（二）行政村所办企业能构成立档单位的，其档案可以独立构成全宗，自行管理；不能构成立档单位的，以及改革调整中撤、停、并、转、拍卖企业，其档案移交行政村集中统一管理。

（三）根据国家相关法规规定，在开展行政村档案工作中成绩显著的单位和个人，应由乡（镇）人民政府给予表彰和奖励。

（四）国家鼓励行政村有关单位、村民向当地国家档案馆捐赠、寄存和出售对国家、社会具有保存价值的档案资料。

三、农村档案工作的内容

农村档案工作主要有以下几方面的内容：

（一）贯彻执行国家档案工作的方针、政策和法律、法规、标准，建立健全档案工作各项规章制度。

（二）科学地管理本村全部档案，做好档案材料的收集、整理、鉴定、保管、统计和利用工作。

（三）编制档案利用所需要的检索工具，采取查阅、复制、摘抄、借阅、咨询等利用方式。编制适用的参考资料，主动开发档案信息资源，做好各项服务。

（四）指导、监督本村党支部、村民委员会、共青团、妇联、村办企业及所有分支机构各类文件材料的形成、积累、归档工作。

（五）指导农业经营大户、致富带头人、科技示范户、文化遗产继承人、农村各界名人等建立家庭档案。

实际工作中需要完成以下一些基本内容：

1. 行政村内各组织和有关人员，注意做好文件材料的形成、日常积累工作，按照归档范围与要求移交综合档案室。

2. 行政村综合档案室可以在乡镇档案部门的指导下，建立健全文件材料立卷归档制度、档案库房管理制度、档案鉴定销毁制度、档案利用和保密制度等。

3. 各类档案都应当按照分类进行编号、排列上架，并编有案卷目录、全引目录作为检索工具。

4. 各类档案都要按规定划定保管期限。确定保管期限的基本原则是：对国家和本村有长远利用价值的档案应当永久保存；对本村在一定时期内有利用价值的档案为定期保存，凡是介于两种保管期限之间的档案，其保管期限一律从长。

5. 逐步改善档案保管条件。档案库房有防火、防盗、防光、防虫（鼠）等基本措施，并定期检查档案的保管状况，对破损或蜕变的档案采取措施修复。

6. 有条件的行政村应当编写本村的大事记、机构沿革、重要数字汇编等参考资料。

7. 行政村应建立档案查阅登记和利用效果登记簿。每年向乡镇档案室（馆）报送档案利用效果典型实例。

8. 在提供利用档案时，不得损害国家利益和他人的合法权益，社会有关方面需要利用档案时，须经村领导批准。

9. 行政村对于损毁、丢失、出卖、涂改、伪造档案的违法行为应当及时制止，并立即上报乡镇领导和县档案行政管理部门，以便依法查处。

第三节　农村档案工作的组织

一、农村档案工作的组织与档案人员

（一）农村档案工作的组织

行政村档案工作应当在村党支部（总支）、村委会领导下，明确一位领导分管，指定人员负责管理本村各类档案，并对所属企业、事业单位的档案工作进行指导，在业务上接受县（市、区）、乡镇档案管理部门的监督、指导。

行政村档案管理机构在村党组织、村民委员会领导下，负责本村各类档案的收集、管理和利用工作，并对村所属单位的档案工作进行监督和指导。

县（市、区）档案行政管理部门及乡（镇）档案管理部门具体负责对所辖区域内行政村档案工作的监督和指导。

（二）农村档案人员的职责与素质

按照国家档案工作有关法律、法规的规定，必须确定行政村的档案管理人员。档案管理人员应当具有初中以上学历，并经过档案专业培训。

1. 农村档案人员的基本职责

（1）认真贯彻执行《档案法》，严格遵守档案工作各项规章制度，认真履行各项程序。

（2）做好档案的收集、整理、鉴定、保管、统计、利用工作。

（3）督促、检查、指导各个部门及人员完成归档工作，并做好移交登记。建立登记和统计制度，为上报各类统计报表做好基础工作。

（4）编制必要的检索工具和参考资料。

（5）做好档案的鉴定工作，对超过保管期限的案卷和失去保存价值的档案，要认真审查，按照批准手续进行销毁。

（6）工作认真细致，提供利用档案要主动、热情、迅速、准确。

（7）增强宣传意识，及时宣传档案工作的重要性，扩大档案工作的影响。

2. 农村档案人员的素质

任何工作都是由人来做的，工作水平的高低与队伍素质的高低关系非常密切。农村档案工作做得怎样，关键仍在于农村档案队伍的建设。

（1）农村档案人员应恪守基本的档案职业道德

所谓职业道德，是从事某职业的人员共同认可的并在职业活动中应自觉遵守的行为准则与规范。档案职业道德有自己特定的内容。即：

①忠于职守，爱岗敬业

忠于职守就是指农村档案人员应当尽到保护、管理档案的义务，尽到为利用者提供优质信息服务的职责；所谓爱岗敬业，是指农村档案人员应当对档案工作的提高、发展，倾注较之普通村民更多的爱心，倾注于档案工作的各个环节，投身于本职工作之中。

②遵纪守法，严守秘密

遵纪守法是档案职业道德的基本规范。首先，农村档案工作者应当注意保护国家与集体的利益和村民个人的隐私，不得销毁相关的档案文件信息，应当尊重文件形成者或文件所涉及当事人的隐私及其他合法权益。

其次，农村档案工作者应当珍视集体给予的特殊信任，并在实际工作中不利用其职务之便，为自己或他人谋求私利。应当客观、公正地对待其职业的“特权”，约束自身的行为。

最后，农村档案工作者应当自觉养成良好的职业保密习惯。养成良好的保密习惯，就是要使农村档案工作者自觉遵守保密纪律，以高度的政治责任感，从事档案工作这种崇高的社会职业。

（2）农村档案人员应当不断加强学习

我国行政村档案队伍存在的主要问题是人员不稳定，总体水平不高。由于档案管理人员绝大多数为兼职，所以对档案工作的基础知识、基本要求、基本技能不是很熟悉，造成工作水平难以提高。

提高农村档案工作者的知识水平、工作能力和专业水平等方面的基本素质，不仅是从事档案工作的必要条件，也是农村档案工作者职业道德规范的重要内容之一。首先，应当配备与农村档案工作相适应的人员，不仅要热心于档案工作，还应具备一定的科学文化知识，有踏实肯干的工作作风和敬业精神。档案人员应当不断加强科学文化的学习，特别是加强档案专业知识的学习，不断提高业务技能，对农村各部门的工作性质、业务范围，都要了解、掌握，便于对形成的各门类档案进行科学的整理和保管，这样才能做到主动、优质的服务。

按照要求，档案管理人员应保持相对稳定。行政村调换档案管理人员，应该征得乡（镇）档案工作机构的同意。

二、农村档案管理制度

（一）档案管理制度的含义

农村档案管理制度，是要求档案人员和有关人员共同遵守的、按一定程序处理与档案事务有关的一种行为规范，是加强农村档案的管理工作，有效地保护和利用档案的工具。

档案管理制度与档案政策法规不同，档案工作法规是由国家制定或认可，并以国家强制力保证实施的行为规范，对国家、地区和每个单位、团体、企业事业单位及其他社会组织有普遍的效力；而档案管理制度一般是由各单位制定的，只在本单位具有效力。

（二）制定农村档案管理制度的意义

1. 为农村档案的形成、积累、归档、管理和有效地保护提供依据。农村档案文件材料的形成、积累、归档、管理和有效保护，是涉及面很广的工作。如果没有统一的制度规范人们的行为并加以监督，是无法做好这项工作的。

2. 有利于农村档案的有效利用。保护档案的目的，在于利用档案。农村档案部门或人员一方面要积极提供档案，为利用者服务，充分发挥档案的经济效益和社会效益；另一方面又要防止某些利用动机不纯的人利用档案以及提供档案不当给国家、集体和村民的利益造成不应有的损失。这样，就需要制定档案保护、利用制度，对利用档案的范围、目的、手段等进行规范。

3. 有利于贯彻实施国家档案法规，避免或减少违反档案法规的行为发生。农村档案管理制度是根据国家档案法规，结合行政村的实际情况而制定的。档案管理制度的制定，对于保证国家档案法规在本行政村的实施，使人们少犯错误，具有重要的意义。

（三）制定农村档案管理制度的基本要求

1. 要以国家档案法规和本地区档案管理的规章制度为制定依据，不能有与国家档案法规和本地区的档案行政规章相抵触的内容。

2. 要结合本行政村的实际，不能照抄照搬本地区或其他行政村的档案管理制度，使制定的制度能真正做到切实可行，成为本行政村档案材料形成、积累、收集、整理、保护、开发利用的有力武器。

（四）农村档案管理制度的制定

1. 文件材料立卷归档制度的制定

立卷与归档是档案工作中既有区别又互相联系的两个概念。立卷归档制度包括立卷制度和归档制度两个方面。

立卷，指文件材料的形成单位及个人，按照有关规定，将应当归档的文件材料分类整理，组成案卷。归档，是有关部门及个人将应当归档的、已经立成案卷的文件材料向本行政村档案室或档案人员移交的过程。这也是相关部门及个人应该履行的一项法律职责。不过，由于有关部门及个人的归档与档案机构或者档案工作人员收集档案的工作属于同一过程的两个方面，归档就成为文件材料处理工作与档案工作的“结合部”。因此，档案机构或者档案工作人员与有关部门及个人，应当共同搞好归档与收集工作。

文件材料立卷归档制度的内容较多，这里仅作原则性要求，第二章第二节还将详细介绍。

文件材料立卷归档制度举例：

××行政村文件材料立卷归档制度

（1）凡是村党组织、村民委员会及所属企事业单位在工作活动中形成的，具有查考保存价值的各种文件材料，都应归档保存。

（2）归档的文件材料必须齐全、完整、准确，档案制成材料应符合档案长久保管的要求，并具有法律效用。

（3）列入归档范围的各类文件材料应按要求及时向行政村档案

室移交归档，任何部门和个人不得据为己有。

（4）文件材料归档时，交接双方应在清点完毕后办理移交手续并在移交清册上签字。移交清册一份留存移交单位备查，一份归入档案，作为检索目录。

2. 档案库房管理制度的制定

行政村档案室应当尽可能选择符合档案基本管理需求的房间作为档案库房。此外，档案库房管理还应当包括对档案装具和库房内档案的管理。档案室应当根据安全保管档案、便于档案利用的要求，制定统一的档案库房管理制度。档案库房管理制度必须具体、适用，有利于在工作实际中遵循。

档案库房管理制度举例：

××行政村档案库房管理制度

（1）档案库房为保管档案的专用库房，必须专库专用，任何单位和个人不得在档案库房内存放各种实物，村档案库房除档案管理人员外，其他人员不得随意入内。

（2）档案柜（架）排列应与窗户成垂直位置，柜（架）距不小于80厘米，柜（架）背与墙距不小于10厘米。

（3）案卷应当按照档案分类方案排列入柜（上架），有序管理，不得任意挪动位置。案卷调取利用或加工整理后，必须及时归回原位。

（4）行政村档案库房应有防盗、防火、防光、防潮、防尘、防有害生物和防污染等防护措施。

（5）档案管理人员应每季度或半年对室藏档案进行专项检查、核对工作，做到账实相符。

（6）档案库房内严禁吸烟，严禁将易燃易爆炸物品带入。

（7）档案入库前必须除尘。要定期搞好库内的清洁卫生。

（8）档案的存放和提取利用均由档案库房管理人员进行操作。

3. 档案鉴定销毁制度

档案价值的鉴定和无保存价值档案的销毁，是一项严肃的工作。为了准确地判定档案的价值，避免将仍有保存价值的档案销毁而造成不可弥补的损失，农村档案机构应建立档案鉴定销毁制度。

档案鉴定与销毁制度应当包括鉴定工作的组织领导、判定档案有无价值和价值大小的依据、销毁档案的批准权限及销毁办法等。

档案鉴定销毁制度举例：

××行政村档案鉴定销毁制度

(1) 对已到保管期限的村级档案，由村档案人员会同档案形成部门组成鉴定小组进行鉴定；对经鉴定确无保存价值的档案进行登记造册，经村领导签字同意后予以销毁。

(2) 档案鉴定采用直接鉴定法，对档案的内容、名称、来源、完整程度等直接进行全面审查、核对。

(3) 村会计档案销毁前，需经村所在乡（镇）的档案和财务部门人员共同审核，签字同意后报村领导批准销毁。

(4) 档案销毁时应有两人以上同时监销，并在销毁清册上签字。档案销毁清册应当归档并永久保存。

4. 档案保密、利用制度

农村档案部门需要制定保密制度，防止泄密事件的发生。保密制度中应明确农村档案的保密范围和机密等级，保密范围要根据档案内容，实事求是地划定。机密等级的标定不能偏高或偏低，绝密的档案可以单独保管，专人管理，控制使用。应根据需要，定期不定期地进行档案保密检查。

制定档案利用制度，需要对档案的提供者（档案人员）和利用者保护档案的义务都作出明确的规定。否则，在档案的提供利用中就不能有效地维护档案的完整与安全。

档案利用制度举例：

××行政村档案借阅利用制度

（1）村档案室应积极向村领导和村民提供档案利用，并在村公共场所定期公布开放档案范围说明和目录。

（2）单位和个人利用档案时，应填写《档案查阅利用登记簿》，有显著利用效果的应及时向村档案室反馈情况。

（3）档案一般不提供对外借阅，确需外借的应当经村档案工作分管领导审批同意。

（4）除国家法律法规另有规定外，外单位人员借阅档案或查阅利用有密级的档案，需经村档案工作分管领导审批同意。

（5）借阅利用档案过程中要爱护档案，并遵守国家有关保密规定，不得损害国家、社会、集体和村民的合法权益。对破坏档案或造成档案泄密的，按国家有关法律法规予以处罚。

第二章　农村文件材料的形成与归档

第一节　农村文书工作

农村文书是指农村社会组织或个人在社会管理和社会活动中形成、使用的用以记录和传递信息的文件材料。

文书就其形成者和使用范围，可以分为公务文书和私人文书两大类。公务文书（可简称为公文）是指国家单位、社会组织和企事业单位在履行其职务的活动中产生和使用的文书；私人文书是指个人、家庭或家族在处理自身事务的活动中产生和使用的文书，如信件、契约、合同、笔记、书稿、自传、日记、家谱等。此外，农村文书常常又是一项工作性质、工作职业的代称，如称乡镇政府单位从事文书工作的某个人为文书。

农村公务文书，主要包括在农村工作活动中形成和使用的用以传达政令、指导工作、处理公务、进行联系交流的文件材料。如：通报、通知、决定、决议、请示、报告、规定、规章、计划、总结、办法、来往公函等。

（一）公文的特点

根据国家相关规定，公文应具备以下几个特点：

1. 由法定作者制发。公文的法定作者，指依法成立并能以自己名义行使职权和承担义务的国家机构与其他社会组织（以下统称为单位），公文必须以这些单位的名义或其法定代表人的名义制发。发文单位必须依照法定权限和职能制发公文，不能越权行文、违法违章行文。

2. 法定的现实执行效用。执行效用指信息对有关方面行为的强制性影响。公文直接形成于内容所针对的现实公务活动中，对收文者及其他有关方面的行为将产生为法律法规所规定的不同程度的强制性影响，如在规定的时间、空间范围和机构、人员范围内，强制执行内容，强制阅读、办理，强制复文等。

3. 具有规范的体式。为了维护公文的权威性、准确性与有效性，方便公文的写作与处理，国家有关机构以法规、标准等形式，对公文的文体、结构、格式进行了统一规范，公文制发者必须认真遵循这些规范。

4. 履行法定程序。为保证公文的有效性，国家有关机构规定了各类公文的生成程序，必须履行这些程序，公文才能产生法定效用。行政村形成的公文可以参照执行。

（二）农村公文的作用

总体讲，公文具有明法作用、传令作用、宣传导向作用、依据和凭证作用、记载历史的作用。

农村公文是以其独特的记录方式，将农村里的各类党政单位、团体、企事业单位、村民委员会及其他组织在社会活动中形成的意图和情况，通过内容和形式的统一体实现其传达意图、协调工作、交流信息的目的。具体说来，它的作用有以下两个方面：

1. 公文具有记录信息的功能，发挥着依据和凭证的作用

农村在社会活动中形成的各类公文，是机构行使职能、实施管理、记录过程的依据和凭证。各行政村通过文件这一形式，可以及时将党和国家的方针、政策传达给广大群众，从而使党和国家的决策成为广大人民群众必须遵守的行为准则。平行单位或行政村与不隶属单位之间相互往来的一般公函、通知，也因其记录与反映了制发单位的意图、规定而成为部门与部门之间进行公务联系、协调配合的重要形式。特别是有些公文，如合同、协议、契约、证明信、

介绍信等，对于明确各方的权利、义务、利益关系，证实有关人员的年龄、身份、职务等，具有依据与凭证作用。

2. 公文具有传递信息、实施管理和联系工作的作用

公文是单位、团体、企事业单位及其他组织传递信息的重要形式。行政村通过下发文件传达贯彻党和国家的方针政策，通过下发文件颁布有关的条例、规定和办法，并通过行文传达意图、联系公务、处理工作问题，体现出它实施管理的职能，这是作为公文的又一重要作用。虽然当今社会传递信息的方式很多，如会议、谈话、电话等，但仍以发文作为传递信息、实施管理法定的实现执行效用的手段。在一个单位范围内，公文既是单位内部传达工作意图，进行组织、管理的手段，又是向领导核心反馈信息的一种重要形式。同时，在一定的区域内，公文又是沟通各单位之间、部门之间相互联系的纽带。上级单位指导下级单位工作，下级单位向上级单位请示汇报工作，平行单位之间商洽合作、交流情况等，很多都是通过公文传递来实现的。公文的这种联系工作的作用，也是其他信息传递方式所不能代替的。

（三）农村公文的种类

农村公务文书的分类

公文在农村使用的范围非常广，不同类型、不同性质、不同层次的单位与组织，都会在不同的工作活动中形成和使用大量的公务文书，它们内容广泛、数量庞大，具有不同的生效范围和效力。

（1）从行文的关系上划分

根据发文单位与收文单位之间的工作关系来划分，一般分为上行文、平行文和下行文三类。

①上行文。上行文是本单位在向上级单位汇报工作、请求指示、反映工作情况和问题的活动中形成的报告、请示、总结、计划、简报等。

②平行文。平行文指的是本单位与平级单位或者不相隶属的单位之间如乡镇各部门之间，行政村与行政村之间联系工作、商量问题等活动中形成的公函、通知等。

③下行文。下行文是上级单位对所属下级单位的行文。如乡镇人民政府对所属部门发出的通知、通报、决定、批复、转发等文件。下行文是上级单位对下属单位实施领导、指导职责的重要工具。对下级单位来说是重要的行文。下行文有发给直接下属的行文，有隔层下发的行文，也有同时向多层或所有各层下级同时行文的，如一些面向群众的公告、布告、通知等。

（2）从公文的来源上划分

公文的来源指的是公文的形成单位和形成后传递的方向，一般分为收文、发文两种。

①收文。指本单位收到的来自其他单位制作发送的公文。在农村，它主要指上级领导单位发来的指示性文件和下级单位送来的内容涉及汇报情况、请示工作的文件及同级单位送来的商办公务的文件。

②发文。指由本单位制成并向外单位发送的公文。发文直接反映了本单位行使的职权和所要履行的职责。它可分为两类，一类是作为传达本单位或本部门的意图，发送给需要同它进行工作联系的单位或部门，通常简称为发文。另一类是本单位内部活动中形成并限于本单位使用的文件，如会议记录、单位工作制度，内部的工作计划、总结、通报、通知等，叫做内部文件。内部文件应当作为重点文件材料来保存。

（3）从公务活动的性质和文件的作用划分，形成法规性文件、领导与指导性文件、工作通报性文件和记录性文件

①法规性文件。法规性文件是指法律和根据法律所制发的各类行政法规。如章程、条例、规定、办法、决定等。法规性文件的特点是具有很强的约束力，一般是由国家权力单位（各级人民代表大

会）和代表国家行使行政管理职能的政府职能部门制定和颁布的。

②领导与指导性文件。领导与指导性文件是指本单位对下级单位传达自己领导、指导性意见以及收到的上级单位对本单位工作进行领导与指导的文件，如指示、批复、通知、通报、公函等。这类文件虽不属于法规性文件，但对下级单位同样具有约束与引导作用。

③工作通报性文件。工作通报性文件是在单位之间相互通报工作情况时形成的文件如简报、情况反映，以及需要向有关方面或广大群众告知或公布有关事项时使用的公文，如公告、通告、通知以及在大范围内用以信息传递的简报、通报等。

④记录性文件。记录性文件是指以记录存查，以备将来考证或约束、指导自己行为而形成的文件，如会议记录、领导人工作笔记、大事记、协议、合同、工作计划等。

（4）从文件的形式划分，形成“红头文件”和“白头文件”

“红头文件”一般是按照国家规定的公文格式制发的、需要对外发送的文件。单位领导机构对本单位内部机构行文，也有用“红头文件”的。由于这些文件的文头用红色字迹材料套印，所以称其为“红头文件”。不用红色字迹材料套印文头的“白头文件”，一般为单位的内部文件，如各项工作制度、工作日志、会议文件、大事记等。那些必须上报或印发的统计报表，也多没有红色文头。

（5）按照文书处理过程中是否登记划分，形成的文件有“账内文件”和“账外文件”

“账内文件”是指经过收文登记、文件编号登记、文件用印登记和文件印制登记的文件。“账外文件”是没有经过文书处理登记的文件。一般有两种情况形成“账外文件”，一是非正式渠道的收文，如单位领导、工作人员参加会议带回的会议文件但未进行登记与文件归存；二是本单位形成的各种会议记录。在文书处理制度不够健全，文件印制不进行登记的单位，重要的会议文件材料、工作计划、总结、调查报告、规章制度、电报、统计报表等白头文件，组织沿革、大事记等重要文件材料，以及照片、录音带、录像带、上级领导视察时的题词、讲话材料等，也会形成许多“账外文件”。

对于农村中文书处理程序不是非常严格的部门与单位，更应多加关注这些“账外文件”和“白头文件”。

（四）农村公文的文种及使用

文种，又称文件的名称，用以表明文件的性质、适用范围和作者职能权限以及制发文件的目的要求等。文种不同，所起的作用也不同。在文件中正确标明文种，有利于维护文件的权威性与有效性，并为文件的撰写、处理提供便利。农村各项工作中所使用的公文文种当中，采用较多的主要有以下几种：

1. 规定性文件

（1）条例。条例是领导单位制定或批准规定某些事项或单位团体的组织、职权等带有规章性质的法规性文件，具有强制力和约束力，它要求有关人员必须遵照执行，不得违反。如《婚姻登记条例》、《未成年人保护条例》。

（2）规定、办法。它们一般是对某些较具体的问题或活动进行限定或引导时使用的文种，多用来对某项工作做出比较具体的规定或安排。相比之下，规定的内容显得较原则些，而办法的内容较为具体。如《矿山地质环境保护规定》、《优抚对象医疗保障办法》。

（3）决定、决议。它们都是对某项工作或事项做出具体安排的文种。其中，决议多用于对某些重要事项或问题经法定会议讨论通过其决策并要求贯彻执行的重要指导性文件，如《支部大会决议》。而决定一般是就某项工作和任务，从政策、措施及制定等方面做出具体部署的文件，如《关于加强农业综合开发工作的决定》。

2. 公布性文件

通告与布告、公告都同属于周知性公文。通告所宣告的事项多属于专业性或业务性的，多涉及公安、交通、金融方面，而布告内容则广泛得多，涉及面也较广，公告为重大事项的发布。通告适用的范围，不仅仅限于上级对下级，不相隶属的单位也可使用。它有具体范围和时限性。通告发布的形式较多，可登报，可广播，可张贴。布告以张贴为主，公告多广播、登报。

3. 指令性文件

（1）通知。通知是我们经常可以看到的，是一种适用范围十分广泛的文种，它属于向特定收文对象告知或转达有关事项或文件，让对象知道或执行的公文。可以用于对外行文，也可以在内部使用，没有作者、内容的限制。

（2）通报。通报是上级把有关的人和事告知下级的公文。通报的运用范围很广，各级党政单位和其他单位都可以使用。它的作用是表扬好人好事，批评错误和歪风邪气，通报应引以为戒的恶性事故，传达重要情况以及需要各单位知道的事项。其目的是交流经验，吸取教训，教育干部、职工群众，推动工作的进一步开展。

（3）批复。批复是上级单位答复下级部门请示事项的一种文种。

4. 呈请性文件

（1）请示。请示是一种下级向上级请求指示、批准的上行文。多用于下级单位对所要解决的工作事项提请上级领导单位或者是业务主管部门给予答复和审核批准等。

（2）报告。报告是一种陈述性文件。多用于下级部门向上级单位汇报工作、反映情况、答复上级交办事项处理结果等。根据报告内容可以分为调查报告、专题报告、总结报告。

5. 其他文件

（1）函。函作为公文中唯一的一种平行文种，其适用的范围相当广泛。函是不相隶属单位（部门）之间相互商洽工作、询问和答复问题，或者向有关主管部门请求批准事项时所使用的公文。函，从广义上讲，就是信件。它是人们传递和交流信息的一种常用的书面形式。但是，作为公文法定文种的函，不仅用途更为广泛，最重要的是赋予了其法定效力。

（2）合同、协议。根据《合同法》的定义，合同是“平等主体的自然人、法人、其他组织之间设立、变更、终止民事权利义务关系的协议”。由此可见，合同就是具有特定内容的协议，用来约定当事人相互之间的权利义务关系。两者的共同点是：一是都对涉及双方或几方的意见、利益和责任等较为重要的问题，经过协商后把共识用文书形式固定下来；二是单位之间的协议或合同至少要双方的法人（代表）签字，个人之间的要当事人双方签字才具有法律效力，涉及重大问题的要到公证处办理公证。

合同与协议虽然有其共同之处，但两者也有明显的区别。合同的特点是明确、详细、具体，并规定有违约责任；而协议的特点是没有具体标的，简单、概括、原则，不涉及违约责任。从其区别角度来说，协议是签订合同的基础，合同又是协议的具体化。合同、协议在当前的社会生活中的作用越来越显著。乡镇与行政村之间、行政村与村办企业之间、行政村村民委员会与村民之间、集体与个人之间等，都会广泛使用。按照合法的程序签订的合同与协议，对签字方均具有约束力，必须严格履行自己的义务，如有违反合同、协议内容规定造成损失的，违约一方必须承担责任，负责赔偿。凡是涉及合同、协议签字方的单位、部门、组织、个人等，都会格外关注其完整、准确程度及重点管理状况。

（3）计划、规划。计划是一种广泛使用的文种，它是为了实现某项目标和完成某项任务而事先做的安排和打算。计划，有的做内部文件使用，有的也可以作为上行文的附件报送上级单位审查备案。规划则是进行比较全面的长远的发展计划，是对未来整体性、长期性、基本性问题的思考、考量和设计未来整套行动方案。如“《榆次区南关村建设规划》（2006～2010 年）”。

（4）会议纪要。会议纪要是根据会议记录和会议文件及其他有关材料加工整理而成的，会议纪要是反映会议基本情况、议定事项和主要精神的一种纪实性公文。

第二节　文件材料的归档与收集

文件材料收集是文件材料转化为档案的转折点和档案整理的起点，这是一项复杂、艰巨而又极其重要的工作，文件材料收集齐全完整与否，直接影响案卷的质量、档案保管和利用工作。在农村，档案管理工作一直不被重视，存在着各种档案文书资料管理混乱，档案缺失，无档可查，各种土地承包、租赁等重要合同档案资料在干部交替过程中散失的现象，影响了农村工作的正常开展。为此，文件材料收集工作要认真细致，一丝不苟，做到该立卷归档的文件材料一份不漏，确保文件材料齐全与完整。

一、各类文件材料的归档与收集

归档是各单位文书处理部门和业务部门将工作过程中形成并办理完毕的文件材料，按照规定收集齐全，整理立卷，向本单位档案机构或者档案管理人员移交、集中的过程。

收集，是指档案室按照有关规定，通过例行的接收制度和专门的征集办法，将分散在各部门及个人手中和散失在其他地方的档案，有组织、有计划地集中保存的工作。

归档与收集在档案工作过程中是紧密联系、同时进行、同时完成的。正常情况下，各档案室档案的来源主要是归档的文件材料。二者只有紧密配合，才能顺利进行。

（一）行政村文件材料归档与收集的方法和措施

1. 要建立健全行政村文件材料的收集归档制度，做好平时的立卷归档工作。

《中华人民共和国档案法》第十条，明确了“对国家规定的应当立卷归档的材料，必须按照规定，定期向本单位档案机构或者档案工作人员移交，集中管理，任何个人不得据为己有”。文件材料收集归档是农村档案工作的起点，同时也是为国家和集体积累档案财富的基本保障。因此，建立健全行政村文件材料收集归档制度，始终关注并做好平时的积累与整理工作，是提高农村档案工作水平非常重要的基础工作。凡是由行政村党组织、村民委员会及所属企事业单位在工作活动中形成的，具有查考保存价值的，或关系村民切身利益的各种文件材料，处理完毕后，都应当交村综合档案室整理立卷集中保存，即行政村文件材料的归档工作。

平时的立卷，就是文书处理部门或业务部门，根据本村一般产生和形成档案材料的门类及载体，预先设定若干类别或利用若干文件夹，将各项工作活动中处理完毕的文件材料随时归入有关类别，即一边收集，一边对号入座归入相应类别的柜格或文件夹内的工作。做好平时的立卷工作，其重要作用一是便于有序积累文件材料，同时也便于日常的查找与利用，二是便于日后的整理工作。因此，行政村应当坚持按要求做好平时的立卷工作。

2. 要坚持依法治档，不断提高领导和村民的档案意识，并适时做好档案的宣传工作。

行政村党支部和村委会，应当加强对档案工作的领导，把档案工作列入本村发展规划和计划，并纳入议事日程，解决好本村档案工作人员、经费、设备等必备条件。力求做到固定专人、专室、专柜。应当经常开展《中华人民共和国档案法》的宣传活动，认真坚持依法治档，不断增强行政村领导和全体村民的档案意识，形成人人关心和支持档案工作，自觉将应归档的文件材料主动交综合档案室统一管理的氛围，自觉维护档案的完整与安全。

3. 充分发挥行政村档案管理人员的主动性、积极性和创造性。

行政村的档案管理人员平时应当做到以下几点：

（1）认真学习档案工作的法律、法规和相关专业知识，不断提高自己的工作技能和工作水平，扩大档案工作的影响力；

（2）积极主动地做好档案宣传工作，在提高全体干部及村民的档案意识方面多下工夫，使文件材料的形成者正确处理国家、集体和个人三者之间的关系，奠定收集工作的基础；

（3）了解、掌握本村各项活动的状况及文件材料的形成规律，及时、准确地做好收集工作；

（4）形成并建立行政村档案材料的收集网络，与本村各部门及相关人员取得密切联系；

（5）不断提高文件材料的归档、立卷、收集、整理以及开发利用工作的整体水平，提高服务质量，改进服务态度，解决好利用者的后顾之忧，充分发挥档案的社会效益和经济效益，以实际行动取得村领导及村民的理解、重视和支持。

（二）归档制度的主要内容

健全的收集归档制度，一般包括归档范围、归档时间、归档份数、归档手续和归档文件质量。

1. 归档范围

归档范围，就是行政村所要确定的哪些文件材料应该归档，哪些文件材料不必归档。它是根据档案管理的基本含义和行政村的职责范围所确定的。确定归档范围的标准，一般要依据其是否具有保存或继续使用的价值。凡是在当前和今后具有查考、依据作用的文件材料，都应划入归档范围。

2. 归档时间

就是文件材料办理完毕后需要何时归档。各类文件材料的归档时间一般为：

（1）文书材料于次年6月底前归档；

（2）会计材料由会计人员在会计年度终了后，隔年归档；

（3）基建工程项目文件材料在项目竣工验收后3个月内归档；设备随机文件材料在设备开箱验收时归档；科研项目文件材料可以根据科研项目的实际情况选择按照阶段、年度或项目完成后等不同的时间归档；

（4）照片由拍摄者在拍摄、洗印完毕后将有保存价值的照片、底片及其说明在一个月内向档案管理人员移交归档；

（5）录音、录像和实物档案，应在活动结束或办理完毕后随时归档。

其他门类和载体的文件材料，可以参照县（市、区）档案行政管理部门的相关规定。

3. 归档份数

各类文件材料一般归档一式一份，比较重要的可以适当增加归档份数，如基建、设备档案，为满足日常需要，部分文件材料可以归档多份。

4. 归档手续

（1）编制归档文件材料案卷（文件）目录和档案交接文据，一式两份，移交时按目录或移交单据清点清楚，交接双方签字后各留一份，以备查考。文件材料的案卷（文件）目录可以同时作为档案交接文据。

（2）归档文件材料中如果遇到有问题需要说明，可附加说明材料，以备日后查阅。

5. 归档文件质量

归档文件质量，从总体讲，就是要求文件材料齐全完整，撰制规范，标记、印章、时间清晰、字迹材料符合档案管理要求。

(1) 归档文件材料的种类、份数以及每份文件的页数必须齐全、完整并保证内容的准确性、真实性，能反映本行政村各项活动的基本面貌和历史过程。

(2) 归档文件材料要遵循其形成规律，保持文件材料之间的历史联系，区分不同价值，经过系统分类、整理编目，以件或立成案卷均可，质量要符合规范要求。

(3) 归档的文件材料应符合形成过程的质量要求，以利于长久保存。其中公文应尽量符合规范格式、用纸及字迹的耐久要求；科技文件材料则应符合“凡是需要归档的科技文件材料，都应当做到书写材料优良、字迹工整、图样清晰，有利于长久保存”。

二、各类文件材料归档范围与保管期限表的制定

“各类文件材料的归档范围与保管期限”作为行政村档案工作的基本制度，是指导文件材料归档工作的依据。这个制度的制定是一项较为复杂、操作量较大，需要付出较大努力与心血的工作。因为不同的行政村有各自不同的现实状况及发展趋势，能够具体指导文件材料归档工作的制度，必须是符合本村实际情况的制度。国家档案局 2007 年在同农业部、民政部联合制发的《关于加强社会主义新农村建设档案工作的意见》中，重新明确了村级档案的归档范围。但这是一个全国性的普遍性文件，而全国的农村情况千差万别，有的村是农区，有的村是林区、牧区或渔区；有的村有几千人，有的村只有上百人；有的村只有村支部、村委会，没有其他社会组织，而有的村有好多村办企业、小学、中学及各种服务性组织等，有的村有外来的务工人员，有的村则有外出的务工人员。因此，各行政村制定的文件材料归档范围，不可以照搬其他村的。它必须是在全面了解、掌握本村的所有实际情况，并合理分析本村的发展需要的

基础上进行分析，这样才能确定切实可行的、操作性比较强的归档范围规定。也只有这样的制度，才能确保归档材料的质量。

对于原有不合理的归档范围与保管期限表，各行政村应当进行及时修订。重点是，一要把这些年新产生的一些门类或内容的文件材料纳入归档范围；二要把涉及广大农民各方面利益、特别是有关民生的土地、林权、房产、社保、就业、教育、医疗等方面的文件材料纳入归档范围，并延长保管期限。此外，今后还要不断地与时俱进，根据新农村建设进程中的新发展，及时增补新的内容，从而确保农村档案资源体系不断完善。

以下提供的“行政村文件材料归档范围和保管期限表”，是依据国家档案工作的基本规则与要求，从较大范围及一般农村工作内容的角度进行分析而列举的。它并不具有归档范围的个性化，但是可以作为各行政村制定该项制度的参考。同时要注意，不能缺少各行政村自己独有的应当归档保存的文件材料。

行政村文件材料归档范围和保管期限表

<table>
<tr><th>门类</th><th>类别</th><th>序号</th><th>归档范围</th><th>说明</th><th>保管期限</th></tr>
<tr><td rowspan="9">文书档案</td><td rowspan="9">党群工作</td><td rowspan="2">1</td><td rowspan="2">上级针对本村党组织建设工作下发的通报、通知、批复等</td><td>重要的</td><td>永久</td></tr>
<tr><td>一般的</td><td>30年</td></tr>
<tr><td rowspan="2">2</td><td rowspan="2">上级关于社会主义新农村建设、公民素质教育等全面性工作的计划、总结、报告、决定、通知</td><td>需执行的</td><td>30年</td></tr>
<tr><td>不需执行的</td><td>10年</td></tr>
<tr><td>3</td><td>上级领导人来本村视察、检查工作中形成的讲话、批示等有关材料</td><td></td><td>永久</td></tr>
<tr><td rowspan="2">4</td><td rowspan="2">村党组织及妇委会、共青团、老年协会等群团组织的年度工作计划、总结、报告</td><td>年度以上</td><td>30年</td></tr>
<tr><td>年度以下</td><td>10年</td></tr>
<tr><td>5</td><td>村党组织及妇委会、共青团、老年协会等群团组织的会议记录、学习记录、讨论通过的决议、规定等</td><td></td><td>永久</td></tr>
</table>

续表

门类	类别	序号	归档范围	说明	保管期限
文书档案	党群工作	6	上级针对本村和本村关于召开党员大会的通知、名册、决定、会议报告、会议记录、典型材料等		永久
		7	本村党组织、妇委会、老年协会、计划生育协会、共青团等行政村各级组织的换届选举材料和上级批准文书等		永久
		8	上级针对本村和本村关于村党组织、各类群团组织的机构设置和调整（撤并、更名）、启用印章的通知、批复、决定等		永久
		9	上级针对本村和本村关于党（团）员发展、干部教育培养、干部任免、分工、违纪处理、廉政建设的规定、决定、意见、通知		30年
		10	本村党组织、团支部关于入党（团）批准书存根、预备党团员转正存根、组织关系介绍信和存根等		30年
		11	本村党员、团员基本情况登记表、名册		30年
		12	本村土改、镇反、四清、社教等运动形成的阶级成分登记表、名册，纠正错划阶级成分登记表、名册，平反冤假错案落实政策的决定、综合材料		永久
		13	本村在小康示范村、文明村、示范村、生态村、优秀党组织、先进个人和组织等“三个文明”建设先进单位的评比和建设活动中形成的计划、总结、报告、决定、通知、先进事迹、经验介绍、申报、验收等文件材料		30年
	村务管理	1	上级针对本村村务管理、村务公开和民主管理等工作下发的通报、通知、批复等	重要的	永久
		2	上级普发的关于财务、财产、税收、物价、统计、人口普查、审计、收益分配工作的规定、意见、报告、通知	需执行的	30年
				不需执行的	10年
		3	上级领导人来本村视察、检查工作中形成的讲话、批示等有关材料		永久

续表

门类	类别	序号	归档范围	说明	保管期限
文书档案	村务管理	4	村委会、村民主监督小组、村经济合作社的年度工作计划、总结、报告	年度以上	30年
				年度以下	10年
		5	村委会、村民主监督小组、村经济合作社的会议记录、学习记录、讨论通过的决议、规定等		永久
		6	本村民委员会及下属企事业单位、组织的工作规划、计划、总结、意见、决定、通知、报告、情况汇报、简报、调查研究、目标责任制考核、创业承诺等		永久
		7	上级针对本村和本村关于召开村民代表会议、村民会议、劳模表彰会议等重要工作会议的通知、名册、决定、会议报告、会议记录、典型材料等		永久
		8	上级针对本村和本村关于召开民主恳谈会、村务听证会、民兵会议等一般工作会议的通知、名册、会议报告、会议记录等材料		30年
		9	本村委会、民兵等行政村各级组织的换届选举材料和上级批准文书等		永久
		10	上级针对本村和本村关于村委会、经济合作组织的机构设置和调整（撤并、更名）、启用印章的通知、批复、决定等		永久
		11	本村干部、村民、教师、职工、暂住人口基本情况登记表、名册，先进集体、劳动模范、先进工作者呈批材料等		30年
		12	上级针对本村和本村关于国民经济计划、财产管理、集体经济项目承包的规定、计划、报告、通知		永久
		13	上级针对本村和本村关于民兵、征兵退伍、计划生育、婚姻、妇女工作、自然灾害、交通安全事故等有关民政、文教、卫生、交通、安全等工作的意见、决定、计划、总结、处理报告、通报、通知、名册、审批表等	重要的	30年
				一般的	10年

续表

门类	类别	序号	归档范围	说明	保管期限
文书档案	村务管理	14	本村招商引资、出国考察、友好往来、经贸洽谈等活动中形成的文件材料		30年
		15	本村关于税收征管工作的统计报表、登记表等文件材料	年度以上	30年
				年度以下	10年
		16	本村民主评议村干部形成的材料，村务、财务公开全过程形成的材料，重要决策事项、重大建设项目各阶段公开意见反馈记录，以及村务公开和民主管理过程中形成的其他文件材料		30年
		17	上级单位对财务公开内容的批复意见，对村级财务的审计结论等		30年
		18	本村关于村民建房、建墓用地呈报表、审批表、临时用地审批表，村民宅基地调查登记表等		永久
		19	本村在拆迁安置、移民过程中形成的通告、办法、意见、规定等文件材料		30年
		20	本村与有关单位、个人签订的土地转让、房屋转让、资产转让、拍卖和评估等各类合同、协议书、契约、承包方案、责任状等		永久
		21	本村各个历史时期形成的土地房产证存根、林权证存根，水库、塘堰使用权证、界定图纸和登记表等		永久
		22	村固定资产登记，村集体资产产权证书		永久
		23	本村人口统计年报及四项变动（本村出生、户口迁入、迁出、死亡人口）登记表、计划生育统计年报，暂住人口登记材料，其他关于人口普查、户口登记工作的统计表、登记表、名册等		永久
		24	本村农业、工业、村集体经济、农村经济收入分配和效益统计年报等各类统计报表	年度以上	30年
				年度以下	10年

续表

门类	类别	序号	归档范围	说明	保管期限
文书档案	村务管理	25	本村其他各类统计报表	年度以上	30年
				年度以下	10年
		26	本村形成的重要专题调查材料、汇报材料及村文化古迹保护等文件材料		30年
		27	上级针对本村和本村关于实施乡镇康庄工程、农村电网建设与改造工程、信息网、流通网等基础设施建设的计划、总结、决定、通知		30年
		28	上级针对本村和本村关于实施"千村示范、万村整治"工程的计划、总结、决定、报告、通知、申报、验收等文件材料		30年
		29	上级针对本村和本村关于实施"水资源保障"、"千库保安"、"千万农民饮用水工程"、"千万亩十亿方节水"、"万里清水河道"等工程的计划、总结、决定、报告、通知、申报、验收等文件材料		30年
		30	环境卫生、绿化、美化等事务性工作中产生的文件材料		10年
		31	有关本村区划调整、地界设置、区域平面图、概况及说明文件等材料		永久
		32	本村所属房产、土地、重要资产登记表，重要财务使用、所有权变更，工资名册、财产、物资等交接凭证、清册、统计台账等		永久
		33	本村关于重大行政事务、文书、档案、保密等工作的意见、办法、规定、通知		30年
		34	反映本村重要活动事件的剪报及报刊杂志登载的本村各种材料		10年
		35	本村的大事记、组织沿革、年鉴、村名、村史、家谱、家史及著名人物手稿、日记、村志、章程、条例、村规民约、民主管理等规章制度		永久

续表

门类	类别	序号	归档范围	说明	保管期限
文书档案	村务管理	36	上级针对本村和本村关于治安保卫、综合治理、违纪违法案件查处、司法调解、法律援助、民事调解、来信来访、保障老年人、妇女儿童、残疾人合法权益等工作中形成的计划、总结、处理报告、通报、通知、名册、申报材料、审批表等文件材料		10年
		37	本村有关帮教、劳改、监管、释放人员管理的文件材料		10年
		38	本村在平安村、安全村、民主法治村等综合治理先进单位创建过程中形成的计划、总结、报告、决定、通知、先进事迹、经验介绍、申报、验收等文件材料		30年
		39	本村治安检查、治安管理、消防检查的文件材料		10年
		40	本村民事调解、纠纷处理协议书		30年
		41	农村土地承包政策性文件、方案、决议、计划、总结、汇报、建立机构、领导讲话、会议记录	重要的	永久
				一般的	10年
		42	土地承包各类汇总表		30年
		43	反映土地承包工作活动的重要的照片和声像材料	重要的	30年
				一般的	10年
		44	土地承包宣传材料及其他有关材料	重要的	30年
				一般的	10年
		45	土地承包工作有关检查、调研材料	重要的	30年
				一般的	10年
		46	土地承包工作会议材料	重要的	30年
				一般的	10年
		47	土地承包文件汇编、工作动态、简报		30年
		48	土地承包合同		永久
		49	土地承包经营权证申请书、登记表（簿）、审批表		永久
		50	土地调整变动登记表		永久

续表

门类	类别	序号	归档范围	说明	保管期限
文书档案	村务管理	51	放弃土地承包权申请书及批复		永久
		52	土地丈量材料及图册、清册		永久
		53	土地承包经营权流转合同		永久
		54	土地承包经营权流转其他相关材料	重要的	永久
				一般的	30年
		55	土地承包权属变更材料		永久
		56	本村最低生活保障对象、五保户、特困户的审批材料		30年
		57	本村烈属、牺牲、病故及现役军人家属、革命伤残军人、老复员军人、带病回乡退伍军人、义务兵、残疾人等优抚文件材料		30年
		58	上级针对本村和本村关于劳动工资、劳保福利、抚恤救灾、公益劳动、殡葬改革、收养赡养、养老保险、退职退休工作的通知、报告、批复、审批表等		30年
		59	本村有关社会保障工作的各类统计报表、登记册		30年
		60	本村新型合作医疗、失地农民养老保险等人员名册		30年
		61	本村社员养老金、股份分红、福利等发放清单，其他关于村民收益分配工作的意见、规定、通知、登记表、名册等		30年
		62	上级针对本村和本村关于就业培训、劳动保障、殡葬改革、抢险救灾等工作的文件材料		30年
		63	上级关于农业生产、农机、农经、农商、多种经营等工作的规定、意见、讲话、通知等		10年
		64	上级关于减轻农民负担工作的意见、规定、办法、通知		10年
		65	上级关于粮食生产、购销、流通、存储、粮食增收等工作的意见、规定、办法、通知		10年

续表

门类	类别	序号	归档范围	说明	保管期限
文书档案	村务管理	66	上级关于林业、牧业、渔业、盐业、水产养殖、土地、山林、水资源管理等工作的规定、意见、讲话、通知等		10年
		67	上级针对本村和本村关于防汛、抗洪救灾、农业重大自然灾害预报预警等工作的报告、总结、通知		30年
		68	上级针对本村和本村关于动植物重大疾病防控、农产品安全检测、农资供应、农产品营销、农业保险等工作的意见、规定、办法、通知		30年
		69	上级针对本村和本村关于农业结构调整、发展优势和特色农业、农业科技创新、高效生态农业、农业高新技术和先进适用技术推广、新型农业生产模式等工作的意见、规定、办法、通知		30年
		70	上级针对本村和本村关于农业综合开发、基本农田保护、农田改造、土地整理、山区小流域综合治理、农田水利建设、地力培育、耕地占用和补偿、生态公益林保护和补偿等工作的意见、规定、办法、通知、统计表等		30年
		71	上级针对本村和本村关于粮棉油菜生产、加工、销售和林、蚕、牧、副、果树生产、水产养殖、多种经营、科学种田、植物保护以及村民家庭经济发展等文件材料		30年
		72	本村在农（副）业生产、土壤普查、农田水利建设和农业综合开发等活动中形成的统计报表、登记表、图册等文件材料		30年
		73	上级针对本村和本村关于实施“强农兴农”等农业扶持工程的文件材料		30年
		74	上级针对本村和本村关于农技信息服务、“百万农民信箱工程”等工作的意见、规定、办法、通知		30年
		75	上级针对本村和本村关于开展农村劳动力素质培训、转移就业培训、函授教育、网络教育的规定、决定、意见、通知和登记表等		30年

续表

门类	类别	序号	归档范围	说明	保管期限
文书档案	村务管理	76	上级针对本村和本村关于农业科技人才队伍建设的意见、规定、办法、通知		30年
		77	上级关于开展千万农村劳动力培训工程、开办区域性农村劳动力培训基地、乡镇成人学校的决定、意见、通知等		30年
		78	本村土地承包的合同、承包书、登记簿、协议书、责任状等文件材料		永久
		79	本村植树造林、林业普查及山林承（延）包的合同书、登记簿、协议书、责任状等文件材料		永久
		80	本村畜牧业、水产养殖业的合同书、登记簿、协议书、责任状等文件材料		30年
		81	本村各种专业户、科技示范户材料		30年
		82	上级针对本村和本村关于村办企业、私营企业、个体工商户、市场管理、安全生产、电力交通、乡村建设、环保管理、计量、产品质量管理的办法、规定、意见、批复、计划、通知		30年
		83	上级针对本村和本村关于矿产资源管理、开发利用的规定、办法、决定、通知、批复		30年
		84	本村关于村级企业原材料采购、管理，产品销售工作的办法、规定、意见、通知、合同、协议		永久
		85	上级针对村办企业、私营企业、个体工商户、市场管理、安全生产、电力交通、环保、矿产资源管理、计量及产品质量管理的规定、意见、办法、通知		10年
		86	家庭成员基本情况登记表，税务交纳、义务出工、经济收入登记表，身份证明（复印件）、学历证明（复印件）、各种奖章、奖状、荣誉证书（复印件）、先进事迹、好人好事记录		30年
		87	现役、复员、转业军人登记、军烈属优抚和社会救济等材料		30年

续表

门类	类别	序号	归档范围	说明	保管期限
文书档案	村务管理	89	村民有关劳动工资、劳保福利、抚恤救灾及公益劳动、养老保险、退职退休的通知、批复、存根、名册、审批表等		30年
		90	本村村民的拆迁补偿、土地转让、医疗保险、养老保险、职工退休的登记表、协议书、存根、审批表等，其他社会保障参保、退保材料		永久
		91	村民与有关单位签订的责任状、合同书、协议等，以及与其他村民签订的宅基地转让、土地转让等各类合同、协议等		永久
		92	村民遵纪守法记录、好人好事、发生纠纷记录、违法案件登记		30年
		93	村民计划生育纪实及登记材料		30年
		94	村民宅基地界划定图、土地证书、联产承包合同、公益金、粮油定购、义务出工及经济收支记录		永久
		95	村民家庭大型农机具、贵重家用电器、房屋等主要固定资产登记表		30年
		96	村民赡养老人、教育子女、移风易俗、社会公德等方面的材料		10年
		97	村民其他有保存和利用价值的图表、照片、实物等		30年
科技档案	基本建设类	1	本村发展总体规划、新村建设规划、村镇布局规划、图样及说明书		永久
		2	本村的村庄整治工程，道路、桥梁、公园、文化中心、老年活动中心、广场、学校、村办公楼、水电线路安装改造、河塘沟渠保护改造、地下设施、隐蔽工程等公用设施建设工程，垃圾处理场建设等环保工程中形成的规划、计划、总结、报告等文件材料		永久
		3	本村基本建设项目的可行性研究、工程选址、土地征用、占用、划拨及呈报审批的报告、计划、方案		永久

续表

门类	类别	序号	归档范围	说明	保管期限
科技档案	基本建设类	4	上级针对本村和本村关于基本建设项目的施工报告、批复、合同、协议		永久
		5	本村基本建设项目工程施工的设计报告、说明书及图表		永久
		6	本村关于村庄整治、公用设施、环保项目等基本建设项目工程的图纸、计划书、预算书及工程设计总目录		永久
		7	本村关于村庄整治、公用设施、环保项目等基本建设项目工程设计修改图样，工程会议纪要、总结		永久
		8	本村基建工程、施工承包、施工质量返工的报告、方案、合同、协议		永久
		9	本村和有关单位关于基建工程竣工、验收、图样、工程决算的报告		永久
		10	本村关于基建工程使用、维修、改建、扩建工作的报告、方案、说明等		永久
		11	本村基本建设项目工程中形成的其他各种文字、图表、声像等材料		永久
	科研类		本村关于科学种田、培育优良品种、改良土壤的试验报告、调查总结及名优土特产品说明书等		永久
会计档案	凭证类		本村和各核算单位的各种会计凭证		15 年
	账簿类		本村和各核算单位的现金日记账、银行存款日记账		25 年
			本村和各核算单位的各类总账、明细账或分户账、现金出纳账、银行农户往来账、固定资产明细账和其他辅助账		15 年
	财务报告类		本村财务决算报表及分析报告	年度	永久
				月、季度	3 年

续表

门类	类别	序号	归档范围	说明	保管期限
会计档案	其他	1	会计移交清册		15 年
		2	会计档案保管清册		永久
		3	会计档案销毁清册		永久
		4	本村财务清查单、银行对账单、会计人员交接清单、农户承包上交结算表、劳动积累用工结算表等		25 年
声像档案	照片档案	1	上级领导来本村指导、视察工作中形成的照片		永久
		2	本村召开各种会议、文化、体育、庆典活动及其他重要活动、重大事件中形成的照片		永久
		3	本村各种荣誉证书、奖状、锦旗、奖品等照片		永久
		4	反映本村村史、村貌的照片		永久
	录音录像	1	上级领导来本村指导、视察工作活动中的指示、讲话的录音、录像		永久
		2	本村召开各种庆典活动、会议、文艺、体育及其他重要活动、重大事件的录音、录像		永久
		3	反映本村村史、村貌的录音、录像		永久
实物档案		1	本村各种印章、锦旗、奖状、奖品、荣誉证书		30 年
		2	本村各种纪念品、礼品、物品、票证及名优物产品（具有凭证、教育、宣传和欣赏价值的）		30 年
		3	各级领导来本村指导、视察工作中的题字、题词		永久
		4	其他有保存价值的各种实物		30 年

第三章　农村文件材料的分类——档案整理一

我国是一个发展中国家，拥有13亿人口，农村人口占人口总量的一半以上。2006年国家统计局数字显示，农村人口占全国总人口的56%，村民委员会将近7万个。各地农村规模大小不等，文件材料形式多样，文件内容纷繁复杂，涉及农业生产和农村生活的方方面面，为了实现农村文件的有序管理和合理利用，必须按照一定的原则与技术，对冗杂的材料进行分类整理。档案整理是农村档案工作中最为繁重的一项任务，内容多、篇幅长，本书将用两个章节介绍。第一节重点概述农村档案整理工作的基本内容以及行政村档案分类方案的制定；第二节详细阐明各类文件材料的整理方法与步骤。

第一节　农村档案整理概述

一、什么是农村档案整理工作

农村档案整理工作就是按照一定的原则和方法，对农村生产与建设活动中产生的零散文件进行分类（组合）、排列、编目，实现有序化的行为过程。

档案整理在农村档案工作中具有重要意义，它是提供档案利用、开放档案信息资源，充分发挥档案作用的必要条件，是整个档案管理中的一项重要的基础性工作。分类科学、排列合理、编目规范的整理，可以达到方便、快捷地检索档案的目的；反之，如果文件归类交叉、案卷封面和目录编制标准不一，直接后果就是档案查找困难，影响档案的正常利用。

二、农村档案整理工作的基本原则

档案的整理可以采用各种不同的方法和技巧，但自始至终必须坚持一个基本原则，即：遵循文件材料的形成规律和特点，保持文件之间的有机联系，便于保管和利用。

（一）遵循文件材料的形成规律和特点

农村文件是伴随着农村纷繁复杂的社会实践活动产生的，是农业生产、农业科技以及农村各项活动的真实写照。社会实践活动往往是按照一定的规则和章法进行的，如一项工作或工程的开展，一般起初有安排、有项目计划书，中间执行情况需要上传下达，遇到一些意想不到的问题，还需研究决定或请示答复，一项任务或工程完成后，一般有总结性会议或者竣工验收等。生产活动运行的规律性，直接表现为文件材料之间在形成者、形成时间、形成内容等方面的联系。人们在整理这些文件时，也应该遵循其中的规律和不同类型文件的特点，切忌人为地破坏文件形成过程中的规律，使整理的档案能够系统地反映每一个事件的来龙去脉。

（二）保持文件之间的有机联系

农村形成的各类文件，其有机联系主要体现在文件的来源（形成者）、时间、内容和形式等方面。

1. 文件在来源方面的联系。文件来源方面的联系就是指文件形成者的联系。文件总是某机构或某人形成的，每个机构有其特定的职能或社会分工，反映在文件方面，基本呈现出这样的特征，即某一机构形成的文件多是反映同一类问题或同一性质工作的。形成文件的这些机构或个人，使文件构成了来源方面不可分割的历史联系。

2. 文件在时间方面的联系。形成文件的机构或个人所从事的具体活动，都有一定的时间性或阶段性，因而使文件之间具有了自然的时间联系。

3. 文件在内容方面的联系。文件是某一机构或个人在履行一定职责活动中，为解决特定问题而产生的，它的形成者的特定活动，使文件之间在内容上具有密切联系。

4. 文件在形式方面的联系。文件的形式是指文件的名称（亦即文种）、载体形式（如纸质、录音带、录像带）和记录方式等。有时文件的形式也反映出文件内容的某种联系，如会计凭证都是会计核算中的基础资料，这构成了文件之间存在某种关联性。

（三）便于保管和利用

投入大量的人力和物力将零散文件整理有序，其目的不单单在于保持文件之间的有机联系，而是为了更好地保管和利用，这是农村档案整理工作的根本出发点和最终目标。这个指导思想应贯穿于整理的全过程，文件如何分类组卷，如何排列编目，都要便于日后的保管和利用，不能为联系而联系，为整理而整理。

譬如，有些农村或其他基层单位组卷时，为了保持案卷的整齐美观，将不同规格的文件裁剪为统一尺寸，危及文件边缘的签字或批注，损坏了文件本身的完整性。这种做法违背了整理的根本原则，应引以为戒。

三、农村档案整理工作的主要内容

农村档案整理工作的基本内容包括：区分全宗、分类、组卷（按照文件级管理可以省略这一环节）、排列、编目、装订（或“装盒”）、案卷目录的编制。

做好积存零散文件的整理是建立档案工作的重要标志。整理档案一般可分为以下几个步骤：

1. 根据实际情况，拟订整理方案。

主要应了解本行政村的历史情况（其党政机构的成立时间、职能、隶属关系、其内部机构、负责人以及变化情况和原因），还应熟悉本行政村文档工作情况、档案所属年代（形成时间），涉及的主要内容、保管状况、完整程度、混杂情况、整理质量等，在此基础上，提出较为详细的整理方案，包括远景规划、近期目标、任务总量、需要投入的人力、物力、工作进度及安排，整理标准与规范等。

2. 区分全宗，即将属于不同立档单位的文件区分开来。

3. 全宗内文件的分类，是将同属于一个立档单位的所有文件按照一定的方法逐级划分为若干小类。

4. 组卷，是根据划分的若干小类文件数量的多少，按照一定的规则分别组合成卷。

5. 进行卷内文件排序、编制页号或件号，固定文件顺序。

6. 填写卷内文件目录、卷内备考表、案卷封面（按照文件级管理可以省略这一环节）。

7. 固定案卷（或文件）排列位置、编制案卷目录。案卷（文件）的排列须在全宗内按照制订的分类方案分别排列，每类档案的排列方法要保持前后统一，不宜随意变动。

如果某些文件已经破损，整理过程中还需要进行适当的裱糊。

四、基本术语

（一）全宗

“全宗”是档案管理学中最基本的一个专业术语，熟练掌握其含义及划分方法对于农村档案管理工作具有重要的意义。

全宗是一个独立的单位、组织或个人在社会活动中形成的档案有机整体。它包含了三层含义：

1. 全宗是一个有机整体

全宗内的档案是一个具有密切联系的有机整体，档案整理过程中，不能将同一全宗的档案随意拆散，也不能将不同全宗的档案任意混杂。

2. 全宗是在一定社会活动中形成的，具有客观性

全宗的整体性，是由其文件的历史联系所决定的。某一个全宗是某一机构各种活动的历史记录，机构独有的特点和职能决定了它形成档案（全宗）的整体性，这是客观存在的，不是人们任意将其组合到一起的。

3. 全宗是以一定的社会单位为基础而构成的

全宗是以产生它的单位、组织和个人为单位而构成的。单位、组织和个人为档案全宗的划分确定了纵向和横向的区分标志。

（二）立档单位

1. 立档单位也称“全宗构成者”，立档单位的构成条件一般有三个：

（1）可以独立行使职权，并能以自己的名义对外行文；

（2）设有会计单位或经济核算单位，自己可以编造预算或财务计划；

（3）设有管理人事的机构或人员，并有一定的人事任免权。

以上三个条件中，第一条最为重要。判断一个单位能否构成立档单位，亦即它所产生的档案是否应另立全宗，主要应以第一个条件来判定，而不能仅凭单位人数、级别高低来确定。

2. 立档单位的变化与全宗划分

区分全宗是整理工作的第一步，全宗划分准确，可以使整理工作顺利进行，也便于准确把握每个机构的活动情况和历史面貌。立档单位的变化与全宗的划分密切相关，一个机构形成的档案是否构成新的全宗，应根据以下情况判断：

（1）政权性质是否变化

就同一个单位而言，如果政权性质发生了根本变化，就需要另立全宗。如同一个行政村，新中国成立前后，政权各自的领导人不同，历史时期不同，具体的文件内容也不同，因此新中国成立前后的档案分别建立全宗保管。

（2）基本职能是否变化

在立档单位的政治性质不变的情况下，主要应分析它的基本职能是否发生根本变化。

①新成立的、具有一定独立性的单位，就是新的立档单位，它的档案构成新的全宗。

②单位职能与工作范围的扩大或缩小，内部组织机构的调整，办公地点的变更，隶属关系的改变等，均非单位基本职能的根本变化，其档案仍然延续原来的全宗管理。

③临时机构一般不单独建立全宗，其档案应纳入其主管部门档案全宗统一管理。

（3）各村办企业，为了管理的方便，最好分别建立全宗。

（三）档号

1. 档号的含义

档号即指档案的代号，它是档案馆（室）赋予档案的一组代码。档号是存取档案的标记，它对于档案统计、保管、检索、利用都具有重要作用。档号的混乱无序可能导致整个管理工作的瘫痪，所以，档号的编制一定要完整规范。

2. 档号的编制原则

编制档号须符合唯一性、合理性、扩充性、稳定性、简单性五大原则。

唯一性指档号应指代单一。不同对象应赋予不同代码，一个代码只表示一个编号对象。在一个档案馆中不能出现重复的全宗号，一个全宗中不能出现重复的类目号，一个类目中不能出现重复的案卷号，一个案卷中不能出现重复的件号或页号。

合理性指档号结构必须与本全宗档案分类体系相适应。

稳定性指档号编制完毕，一般不应随意改变。档号即为档案的代号，是编制各类检索工具的基础，一旦档号有所变动，后续的案卷目录、全引目录、档案存放地点索引均需随之变动，这是一项耗时费力的巨大工程。

扩充性指档号必须留有适当的扩充容量，以适应不断增加档案的需要。

简单性指档号力求简洁明了，减少代码差错，提高处理效率。

3. 档号的结构

档号结构分为三种：

第一种：全宗号——案卷目录号——案卷号——件、页（张）号；

第二种：全宗号——类别号——案卷号——件、页（张）号；

第三种：类别号——项目号——案卷号——件、页（张）号。

上述三种档号结构分别适用于文书档案、科技档案等不同的档案门类。

4. 档号构成要素释义

根据国家标准 DA/T13—94《档号编制规则》，本书结合农村档案工作实际，提出一种适用各类档案的档号结构，即全宗号—类目号—案卷号（件号）—页（张）号。

（1）全宗号是档案馆给立档单位的代号。一个档案馆可能保存有某一区域多个单位的档案，为了管理的方便，必须赋予每个单位一个固定代码，以其作为该全宗的指称代号，建立档案馆内全宗排列的秩序。全宗号是针对档案馆的管理而言的，对档案室的作用并不大。在农村，全宗号就是某村所归属的县或乡档案馆赋予本村的代号，如果本村档案不进馆，此项可空置不填。

（2）类目号是一组阿拉伯数字或符号指代的档案分类层次和状况。

这里需要区别类目号与目录号的不同。档案目录号指的是案卷所属目录本的代号。档案类目号，指的是一个全宗的分类方案中各级类目的代号。它们分别属于不同的档号体系，有着不同的产生背景和适用范围。

档案目录号的档号体系由全宗号、案卷目录号、案卷号组成。在档案馆（室）藏多为文书档案的时代，一个全宗内的档案一般采用组织机构——年度或问题——年度进行分类，案卷目录按不同组织机构、不同专题设置，一个机构或一类问题给定一个目录号，每本案卷目录所含案卷数量一般以三位数为宜，遵循一个全宗内不能有完全重复的目录号的编制原则，案卷号接近1000时，须另立目录并按顺序编制目录号。在20世纪80年代，档案室与档案馆均使用的是这种档号编制体系，譬如123全宗的22号目录、15号目录等。

档案类目号的档号体系由全宗号、类目号、案卷号组成。随着时代的发展，各单位产生的档案门类和载体形式逐渐趋于多样化，每一类档案都有其独自的特征和整理方法，沿用旧有的分类体系已不能适应工作需要。为了对一个单位产生的各种门类和各种载体的档案实行集中统一管理，新的分类方法应运而生。即对一个全宗内的档案先按门类设置一级类目，在各门类下按照各自的特点分别设置二级、三级类目，类目号可由阿拉伯数字或汉语拼音字母组成，不同级位的类别之间用间隔符号分开，类目层次以不超过四级为宜。譬如我们经常见到的“1.1.1”、“WS.2”等。这样的分类与编号，标识符号清晰、指代含义明确，便于管理。

（3）案卷号是指档案分类方案中末级类目案卷排列的顺序号。

（4）件号一般是指案卷内文件的顺序号。在以文件级管理的文书档案中，件号指的是分类方案中末级类目内文件排列的顺序号。

（5）页（张）号是案卷内文件每页（张）的顺序号。

第二节 农村档案分类方案的制订

我国多数农村都是新中国成立以后甚至改革开放以后才逐步积累档案资料的，保管的档案多属于同一个全宗，所以划分全宗并不是一项常规性的工作，进行全宗内档案的分类才是整理档案工作面临的首要任务。

一、农村档案分类的含义

全宗内档案的分类是指按照文件材料内容的不同，结合载体形式的特点，对于某一全宗的档案进行逐级分类。

全宗内档案的分类是档案整理程序的第一步，它对于整理工作的组织和日常管理都有指导作用。档案分类可以揭示文件之间的内在联系，使全宗成为一个有机整体；档案分类能够为档案的全面管理创造有利条件，便于保管、鉴定、统计、检索等后续业务环节的正常展开。

二、农村档案分类的方法

农村形成的文件材料门类较多，不同门类的分类方法也各不相同，下面简要介绍几种分类方法。

（一）年度分类法

年度分类法就是根据文件产生或形成的年份分类，同一年度形成的文件划归一类，年度就是类目名称，不同年度的文件不能混合排列编号，即不能跨年度编号。如下文分类方案中文书档案的三级类目就是采用的此种分类法。

（二）年代分类法

年代分类法就是根据文件产生或形成的年代分类，一般 10 年为一个年代，如20世纪60年代，20世纪70年代，20世纪80年代，20世纪90年代等。按年代分类，年代名称就是类目名称，每个年代形成的档案连续编号，下一个年代的档案重新从1编号。这种方案适用于形成文件数量很少的单位或类别。

（三）组织机构分类法

组织机构分类法就是按照内设机构分类，一个机构形成的文件构成一类。这种方法适用于各内设机构形成文件数量较多，并且机构设置比较稳定的单位。

（四）问题分类法

问题分类法就是按照档案内容所反映的问题进行分类，围绕某个问题产生的所有文件材料归为一类。这种方法比较适用于机构设置不太健全、机构分工不太明确的农村。

（五）形式分类法

形式分类法就是按照文件的规格或者载体形式的不同分类，同一名称或同一规格的文件为一类。如会计档案分为凭证、账簿、财务报告、其他四种类别，声像档案分为照片、录音、录像三种类型就是采用的形式分类法。

（六）复式分类法

上文介绍了5种分类法，但在实际工作中，很少单独使用某一种。一般采用的是复式分类法，即将年度、问题、形式分类结合运用，如：

1. 年度——组织机构分类法，就是将所有的文件先区分年度，同一年度的文件再按组织机构细分。即每个年度内每个机构形成的若干份文件构成一类。

2. 组织机构——年度分类法，就是将所有的文件先分机构，同一机构的文件再按年度划分。即每个机构每个年度形成的若干份文件构成一类。这种方法更适用于撤销单位的档案整理。

3. 问题——年度分类法，就是将所有的文件先分为几个问题，同一问题的文件再按年度划分，每个问题每个年度形成的若干份文件构成一类。

下文分类方案中文书档案采用的就是问题——年度分类法。将农村形成的文书档案先分为党群工作、村务管理两大类，然后将党群工作、村务管理文件分别按年度分类，案卷或文件的排列编号也照此进行。如 2008 年度的党群类文件为一类，类号为 WS. 1. 2008，村务管理文件为一类，如类号为 WS. 2. 2008；2009 年的党群工作文件类号为 WS. 1. 2009，村务管理文件为一类，如类号为 WS. 2. 2009。每一类中按照文件的时间结合事由排列编号，党群类与村务管理类文件不可混排，不同年度的文件也不可混排。

4. 形式——年度分类法，就是将文件材料首先按其不同的形式分类，每一类下再按照文件所属的年度划分，下文分类方案中会计档案采用的就是这种方法。

三、农村档案分类方案的制定

（一）农村档案分类方案的含义

档案分类方案也称为档案分类大纲，它是以文字、图表等形式表示一个全宗内档案分类体系的文件，分类大纲是一个纲领性、指导性文件，是做好档案整理工作的前提和基础。因而，各行政村均在充分调研本村文件材料的种类、数量的基础上，制定适用于本村的档案分类大纲。

（二）档案分类方案的编制原则

1. 实用性原则

档案分类方案的编制应该从本村实际出发，确保分类方案的实用性。目前，农村档案分类方案尚无国家层面的标准，但浙江、山西、重庆等省份已经出台了相应的规范。各行政村须结合自身档案内容与成分的特点以及每类文件数量状况，对档案类目的设置、每一类所包含的文件范围仔细斟酌推敲，形成本村的分类方案，指导档案归类工作。

2. 科学性原则

农村档案分类方案的编制须坚持科学性，一是农村档案分类要符合文件材料的历史状况，保持它们之间的历史联系，使在大纲指导下整理的档案能够较为系统地反映农村社会实践活动的历史面貌；二是分类类目要设置合理，层次分明，能够揭示档案本身的内在联系。农村档案分类层次不宜过多，一般分到二级类目为宜，最多不应超过三级。

3. 逻辑性原则

制定农村档案分类方案还须坚持逻辑性原则。逻辑性是要求档案分类必须确保同一层次划分标准前后一致，子类之间相互排斥，类与类之间不能出现交叉现象。譬如有些行政村将文书档案的二级类目设为永久、定期、会议记录三类，前两类采用的是保管期限分类法，最后一类又是按文件形式分类，显然在同一层分类中采用了两个标准，不符合分类的逻辑性要求。同时，永久、定期、会议记录同为二级类目，相互交叉而非排斥关系，实际操作照此执行，可能导致某些会议记录归入永久类，某些会议记录归入会议记录类的混乱现象。

4. 稳定性原则

农村档案分类方案确定后，一段时期内应保持相对稳定。分类方案是指导整理工作的纲领性的文件，它的变动可能影响到整理体系乃至档案保管、检索工具的变动，牵一发而动全身，所以，档案分类编号方案的拟制一定要充分调查、反复研究，切忌朝令夕改，给整理工作带来不必要的麻烦。

（三）农村档案分类方案的构成

农村档案分类方案一般由文字说明和类目设置表两部分组成。

1. 文字说明

文字说明包括分类方案的编制目的、分类的依据、分类的原则、体系结构、类目设置以及档号标识和案卷排列方法等。

2. 类目设置表

类目设置表是分类方案的主体部分，该表是将一个立档单位职能活动中形成的全部档案按类目进行划分排序，以图表的形式表示出来。

（四）农村分类方案的编制步骤

第一步，背景调研。首先对本村的机构设置、历史沿革、主要职能或任务、隶属关系以及形成档案的门类、数量、主要内容、已有档案的管理状况等进行充分调研，熟悉本村的职能分工和部门构成，便于预测和把握档案形成的基本规律。

第二步，形成初稿。根据国家及有关部门关于农村档案的管理规定，初步拟定类目设置表，注意要尽可能地照顾已有档案的分类，充分利用原来的整理基础。

第三步，征求意见。与分类方案涉及的所有部门或相关人员进行磋商研讨，修改初稿。

第四步，颁发文件。在征求意见的基础上，反复修改，形成定稿，并以红头文件的方式下发分类方案，成为本村的一个规范性文件。

举例：

某行政村档案分类编号方案

第一条　为科学地管理本村全部档案，进一步规范本村文件材料的归档工作，促进档案信息资源共享，按照《中华人民共和国档案法》及其《实施办法》、《××省村级档案管理规范》等法律法规，特制定本方案。

第二条　档案的分类原则是：以本村全部档案为对象，依据本村的工作任务和职能分工，结合档案的内容及形成特点，保持档案之间的有机联系，便于档案的科学管理与开发利用。

第三条　档案分类

（一）档案一级类目的设置

本村档案按照门类设置文书档案、科技档案、会计档案、声像档案、实物档案等六个一级类目。

（二）二级及二级以下类目的设置

1. 文书档案按职能设置党群工作、村务工作两个二级类目，再按年度设置三级类目。

2. 科技档案按内容设置基建档案、科研档案两个二级类目。

3. 会计档案按类别设置会计凭证、会计账簿、财务报告、其他四个二级类目，再按年度设置三级类目。

4. 声像档案按载体形式设置照片、录音带、录像带三个二级类目。

5. 实物档案不设置二级类目。

类目设置详见行政村档案分类类目表

第四条　档号编制

1. 档号由全宗号、类目号、案卷号（件号）组成。

2. 类目符号的标识方法，一级类目用类目名称前两个汉字的声母（大写）标示，二级以下统一采用阿拉伯数字。

3. 不同级别类目号之间用“.”相隔，全宗号、类目号、案卷号（件号）之间用短横“—”相隔。

档号的形式：

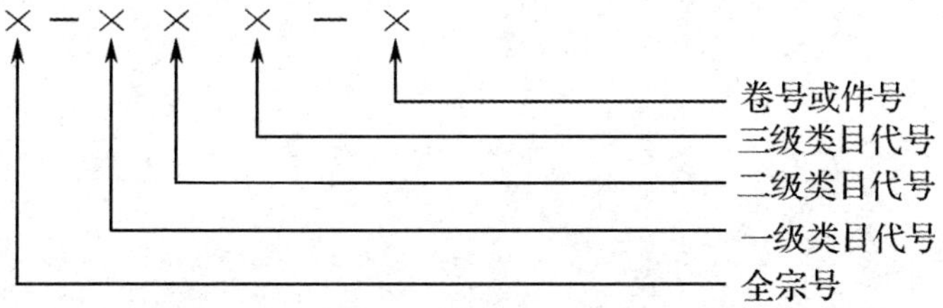

档号示例：

1—WS. 1. 2005—26

第五条　案卷（文件）的排列和编号

1. 各类档案在末级类目内排列案卷（文件）。

2. 文书档案按事由结合时间排列，基建档案按项目排列，设备档案按型号排列，会计档案、声像档案、实物档案按时间顺序排列编号。

3. 案卷（文件）排列后依次用阿拉伯数字编制顺序号。

第六条　本分类方案适用于本村形成的档案，村办企业的档案单立全宗管理，分别制订各自的分类方案。

第七条　本方案自发布之日起实施。

行政村档案分类类目表

<table>
<tr><th colspan="2">一级类目</th><th colspan="2">二级类目</th><th colspan="2">三级类目</th><th rowspan="2">基本范围</th></tr>
<tr><th>类号</th><th>类目名称</th><th>类号</th><th>类目名称</th><th>类号</th><th>类目名称</th></tr>
<tr><td rowspan="3">WS</td><td rowspan="3">文书档案</td><td>1</td><td>党群工作</td><td colspan="2" rowspan="3">按年度设三级类目</td><td rowspan="2">党支部活动中形成的材料、党组织年报、党员名册、党组织关系介绍信、党组织建设材料；党风、党纪的有关总结、报告、批复、处分决定、通报等；党员管理，党费管理；妇委会、共青团、老年协会等群团组织的年度工作计划、总结、报告</td></tr>
<tr><td>2</td><td>村务管理</td></tr>
<tr><td></td><td></td><td>村民代表会议、村民会议、选举有关材料；本村土改、镇反、四清、社教等运动形成的综合材料；征兵退伍、计划生育等材料；本村关于宅基地材料；土地承包材料；本村各个历史时期形成的土地房产证存根、林权证存根，水库使用权证、界定图纸和登记表等；本村关于治安保卫、综合治理、违纪违法案件查处、司法调解、法律援助、民事调解、来信来访、保障老年人、妇女儿童、残疾人合法权益等工作中形成的材料；村民结婚、离婚、复婚登记申请书；本村劳动保障、养老保险、新型合作医疗材料；本村关于农业结构调整、发展特色农业、农业科技创新、减轻农民负担等材料；本村关于村办企业、私营企业、个体工商户管理材料等</td></tr>
</table>

续表

一级类目		二级类目		三级类目		基本范围
类号	类目名称	类号	类目名称	类号	类目名称	
KJ	科技档案	1	基建档案	按项目设置，每个项目一个代号		本村工程建设、使用维修过程中形成的档案
		2	科研档案	按照课题分类		农业科技成果推广方面的材料等
CK	会计档案	1	凭证	按年度设置，年度即为类目代号		各种会计凭证
		2	账簿			各种会计账簿
		3	财务报告			各种财务报告
		4	其他			会计档案销毁清册，会计档案移交清册，银行对账单，银行存款余额对照表
SX	声像档案	1	照片	按年度设置，年度即为类目代号		本村各个时期、各种业务活动中形成的具有保存价值的照片
		2	录音带			本村各个时期、各种业务活动中形成的具有保存价值的录音带
		3	录像带			本村各个时期、各种业务活动中形成的具有保存价值的录像带
SW	实物档案	不设二级类目				本村各个时期、各种业务活动中形成的具有保存价值的印章、奖状、锦旗、题词等

第四章　农村各类文件材料的立卷——档案整理二

农村各类文件材料依据档案分类方案进行分类后，应当按照各自的特点和国家标准进行整理编目，然后向本村档案机构或者档案工作人员移交归档。

第一节　农村文书材料的立卷

一、农村文书材料立卷的含义与作用

（一）农村文书材料立卷的含义

立卷又称组卷，它是将农村工作活动中形成的、办理完毕的（履行完处理程序的）、具有查考和保存价值的文件材料，按照文件自身的形成规律和内部联系，分门别类组成基本保管单位——案卷，这一过程就是立卷。

（二）农村文书材料立卷的作用

立卷的作用表现为两个方面：

1. 维护文件材料的完整与安全

农村党群、村务管理活动中形成的文件材料，由于制发部门、运转方式、经手人员不同，文件处理也不够规范，常为零散状态。如果不立卷，文件很容易散失，甚至损毁。如果按照一定的特点分门别类组成案卷，便于更好地维护文件的完整性，便于文件的妥善保存和有效管理。实践证明，立卷是手工管理文件的有效方式之一。

2. 保持文件之间的历史联系，便于事后查考和利用

文件在散乱状态下，信息是零散的、孤立的。如果把相互关联的文件组合到一个案卷之中，关于同一事由的计划、总结、请示与批复、指示与报告等组合在一起，事件的前因后果、来龙去脉就清晰地显现出来，这有助于后来人研究特定历史背景下事物的发展规律，有利于人们更方便地、更系统地利用文件材料。

二、农村文件材料立卷责任的划分

《中华人民共和国档案法》第十条规定："对国家规定的应当立卷归档的材料，必须按照规定，定期向本单位档案机构或者档案工作人员移交，集中管理，任何人不得据为己有。"这里所称的"必须按照规定"，包括对立卷责任的规定。国家对文件材料立卷责任的规定是：

（一）公务文件由文书处理人员立卷。

国务院在《关于加强国家档案工作的决定》中要求："要全面推行文书处理部门立卷，以建立统一的归档制度。各单位办完的文书材料，应由文书处理部门整理立卷，定期向单位档案室归档，改变把零散文件随办随归和成堆归档的错误办法。"许多农村职能分工不太明确，往往一人身兼数职，当文书处理人员与档案人员由一人担当时，公务文件由档案人员整理。这里的公务文件指的是前文农村档案分类方案中划归文书档案范畴的材料。

（二）会计核算材料由农村财务会计部门或者财务管理人员立卷。

（三）科技文件材料和其他专业文件材料，由承办部门或承办人员立卷。

（四）声像文件材料，由摄像人员或录制者整理。

三、农村文书材料的立卷

（一）文书材料立卷范围的规定

文书材料立卷的范围，就是应归档的范围。本书第二章《行政村文件材料归档范围和保管期限表》规定的具有永久、定期保存的公务文件，都应按照要求组成案卷。

（二）农村文书材料立卷的原则

农村文书材料立卷的基本原则是：遵循文件材料的形成规律和特点，保持文件之间的有机联系，区别不同价值，便于文件的保管和利用。

1. 遵循文件材料的形成规律和特点，保持文件材料的有机联系。文件是应农村实际工作需要而产生的，行政村与县、乡之间，一项工作内部各流程之间，都有一定的运转顺序和承启衔接，具有一定的规律性，这种规律体现在文件之间主要有来源、时间、内容和形式等方面的联系。保持公务文件之间的有机联系，就是组成的案卷内的文件材料应保持某些方面的历史联系。

2. 区分不同价值。将不同保管期限的文件分别组卷，其目的在于：一是便于保管档案，因为不分保管价值组卷，易形成“玉石不分”、“鱼目混珠”，不便于以农村有限的人力、物力保存最有查考价值的档案。二是便于鉴定和利用档案，如果混期限立卷，卷内文件保存时间不一，鉴定时就需要拆卷、重新立卷，增加了鉴定工作难度；不同价值的文件混为一卷，也不便于快捷地查找重要文件。

为了区分档案的不同价值，农村文书人员或档案人员在文书立卷前，应认真学习国家档案行政管理部门《关于单位文件材料归档范围与保管期限表》以及地方档案管理部门颁发的农村档案管理规范和业务标准，参照本书第二章的相关内容，制定适合本村工作实际的档案保管期限表，并以此为依据，仔细划定每份文件的保管期限，将具有不同价值的文件分开组卷。

3. 便于保管和利用。便于保管和利用是文书立卷的根本出发点和最终目的，从这个原则出发，就应当尽量按问题特征组卷，不同密级的文件不应组合在一起，案卷也不宜太厚或太薄。

（三）农村文书材料案卷质量要求

农村文书材料的组卷应参照执行国家档案局 1987 年颁发的《单位档案工作业务建设规范》，符合以下基本要求：

1. 归档的文件材料种类、份数以及每份文件的页数均应齐全、完整。

2. 在归档的文件材料中，应当将每份文件的正件与附件、印件与定稿、请示与批复、转发文件与原件、多种文字形成的同一文件，分别立在一起，不得分开。

3. 不同年度的文件不得放在一起立卷，但跨年度的请示与批复，放在复文年立卷；跨年度的总结放在针对的最后一年立卷；跨年度的会议文件放在会议的开幕年立卷；非诉讼案件放在结案年立卷。专业文件材料的立卷应按有关业务主管部门的规定执行。

4. 卷内文件材料应区别不同情况排列，密不可分的文件材料应依序排列在一起，即批复在前，请示在后；正件在前，附件在后；印件在前，定稿在后；非诉讼案件结论、决定、判决性文件材料在前，依据性材料在后；其他专业文件材料依其形成规律和特点，按主管部门规定执行。

5. 卷内文件材料应按顺序排列，依次编写页号或件号。装订的案卷，应统一在有文字的每页材料正面的右上角、背面的左上角填写页号；不装订的案卷，应在卷内每份文件材料的右上方加盖档号章，并逐件编件号。

6. 永久、定期案卷必须按规定的格式逐件填写卷内文件目录，著录时不得随意更改或简化文件材料的题名；没有题名应拟写题名，有的虽有题名但无实质内容的应重新拟写；没有责任者或年、月、日的文件材料要考证清楚，填入有关项目内；会议记录应填写每次会议的时间和主要内容，填写的字迹要工整，并把卷内文件目录放在卷首。

7. 有关卷内文件材料的情况说明，都应逐项填写在备考表内，若无情况可说明，也应将立卷人、检查人的姓名和时间填上以示负责。备考表应置卷尾。

8. 案卷封面应逐项按规定填写清楚，案卷题名要简明、确切地反映卷内文件材料的内容，一般包括责任者、内容和名称三个部分，体式要一致，文字要简练，使用简称应通俗易懂，用毛笔、碳素（蓝黑）墨水的钢笔书写或直接打印在案卷封面上，字迹要工整、清晰。

9. 卷内文件材料要去掉金属物，对破损的文件材料应按裱糊技术要求托裱，字迹已扩散的应复制并与原件一并立卷；案卷应采用三孔一线的方法装订；不装订的案卷，卷中的文件应逐件用细线装订。

10. 案卷封面、卷内目录、备考表的格式按《文书档案案卷格式》执行。

（四）农村文书材料立卷的程序与方法

为了统一立卷方法，提高立卷工作效率，保证立卷工作质量，农村文书材料的立卷应当执行国档发（1987）27号文件中的《文书立卷程序》，按下列程序进行立卷：

1. 文件的收集

立卷前的收集是立卷最重要的准备之一。每年上半年，工作人员应将上一年度的文件材料收集齐全，再着手整理。尽量避免档案整理完毕后又出现几份零散文件，整理人员不得已返工拆卷，降低工作效率。

2. 文件材料的分类

立卷人员将文件材料收集齐全、完整后，先按农村档案分类方案将文件材料分类，再按以下特征逐项分开：

（1）分年度

按年度分开文件，将同一年度的文件集中在一起，可以反映出一个年度本村工作的面貌。

文件的分年度，一般按文件的形成时间（文件最后的落款时间）分，下列情况除外：

法令、法规、规章归入批准或通过的年度；

计划、总结、报表、预决算等，归入针对的第一年；

跨年度的总结，归入针对的最后一年；

跨年度的会议文件，归入会议开幕年立卷；

跨年度的请示与批复，放在复文年立卷，没有复文的，放在请示的年度立卷；

非诉讼案件材料归入结案年立卷；

其他专业性文件材料按有关规定执行。

（2）分级别

将某一年度的文件按与本行政村的关系，分为外单位文件、本单位文件两个部分。某些联系密切的文件不能机械地按级别分开。例如，某非诉讼案件文件材料、与其他单位的来往函件，均应与本村文件放在一起立卷，不能按级别分开。

（3）分问题

按文件内容所反映的问题，将同一问题的文件归在一起，把不同问题的文件分开。实际操作中，分问题要灵活掌握，文件数量少，问题可以概括些；文件多的，问题可以具体些。分问题也不是绝对的，像会议文件、计划、总结、简报、出版物等综合性文件，就不能按问题分开。

（4）分期限

根据国家档案局颁发的《单位文件材料归档范围与保管期限表》或依据本村档案保管期限表，把文件按永久、定期分开。

如关于同一问题的文件，数量很少，按保管价值分开不能组成案卷的，可以不分期限，案卷的保管期限从长而定。

3. 文件的组合

将经过分类的文件，按一定的特征组合起来，成为案卷，这就是组卷。

组卷的基本要求是以问题为主，兼顾其他特征，并根据形成文件数量的多少，采取“多则分、少则合，重要则分、不重要则合”的原则，使每个卷文件之间联系密切，分级适当，问题集中，保管期限相对准确，卷与卷之间界限分明，以便于查找利用。

组合的基本方法：

（1）年度或年度以上的综合性工作计划、规划、意见、报告、总结，一般按责任者特征立卷，即将同一责任者的文件组卷。如《北京市昌平区政府 2009 年工作计划、总结》。

（2）会议文件，根据文件的多少立卷，如果一个会议的文件较多足以组一卷的，就组一卷；如果一个会议的文件不足一卷的，可以几个会议文件组一卷；如果一个会议的文件较多，按下列办法分开组卷：

将会议的决议、会议讨论通过的文件、会议通知、代表名册、工作报告等组成一卷或几卷；将会议发言材料、小组讨论记录、会议简报及其他会务材料各组成一卷或合并组卷；本村党支部会、村务会等会议记录，应当单独组卷。有些农村的会议记录党政不分，年度不分，影响了正常的整理归类。这类材料的处理方法是，对业已形成的跨年度的会议记录，暂时归入最后一年，并在案卷目录的备考中加注说明，以便日后的查找利用。形成新的会议记录时最好党政分开，一年一册，逐年按时立卷归档。

（3）本村的统计报表、名册、党团组织关系介绍信及存根等文件材料，一般按同一格式、同一名称组卷。

（4）非诉讼案件材料，同一案件文件多的，应将结论性材料、依据性材料分开组卷；一案文件少而不足一卷的，可以几个案子的材料组为一卷。

（5）信息、简报等，按期刊名称一期一卷或数期一卷；正式出版物应按书稿档案的组卷要求，将样本和底稿分别组卷。

（6）群众来信来访材料，可按来信来访所反映的问题性质组合案卷，材料较多的，可一个问题一卷；材料较少、内容分散的，可以几个问题组一卷。

（7）专题类文件，农村在生产、管理工作活动中形成汇报材料、管理制度、村规民约等，按单一问题结合保管期限组卷。如果一个问题只有一两份文件，可适当合并组卷。

4. 卷内文件的排列

卷内文件排列又称卷内文件系统化，它以保持一个案卷内文件之间的历史联系为原则，按一定的规则和方法排列文件次序，将卷内文件有序化。排列的方法：

（1）由同一责任者、同一问题的文件材料组成的案卷，按时间顺序或重要程度排列。

（2）由同一责任者、不同问题的文件材料组成的案卷，按问题结合时间或重要程度排列，即先将同一问题的文件排在一起，同一问题内的文件按形成时间或重要程度排序。

（3）由不同责任者的文件材料组成的案卷，除请示与批复、转发件与原件外，应先分开责任者，将同一责任者的文件材料排在一起，同一责任者的文件按时间顺序排列。

（4）由不同地区的文件材料组成的案卷，按地区结合时间或重要程度排列；地区之间按约定俗成的习惯顺序排列。

除以上四点要求，还应特别注意某些密不可分的文件材料必须排列在一起，如关于同一问题的请示与批复，批复在前，请示在后；同一份文件的正件与附件，正件在前，附件在后；同一份文件的印件与定稿，印件在前，定稿在后；法规性文件的历次修改稿依次排在定稿之后；非诉讼案件材料结论性材料在前，依据性材料在后。

批转、转发文件的排列顺序是：

本单位转发件（印件）——上级单位文件的翻印件——本单位文件的底稿（签发稿）——上级单位的原件。

5. 案卷的编目

案卷的编目工作是案卷的“外加工”，主要程序包括编制页（件）号、填写卷内文件目录、备考表和案卷封面。

（1）编制页（件）号

卷内文件经过系统排列后，应按顺序依次编制页号或件号，以固定文件在卷内的位置，便于档案的保护、统计和查找利用。编制页（件）号的要求是：

编号单位：凡是装订的案卷，要求以页为单位，在有文字的页面，每页编一号，空白页不编号；不装订的案卷，要求以件为单位，每件编一号。

编号位置：凡左侧装订的案卷，编号在正面的右上角，背面的左上角；右侧装订的案卷，编号在正面的左上角，背面的右上角；不装订的案卷，在每份文件首页的右上方加盖档号章，将有关项目逐件填写在档号章内，每份文件分别编页号。

档号章的格式（单位：mm）

全宗号	类目号	案卷号	件号

16　8　4×15

页（件）号要不重、不漏、不空、不交错，即同一个案卷内不得出现重复的页（件）号，不得有漏编页（件），不得有跳空号［例如第5页（件）号后编第7页（件）号］，不得漏编页（件）。

编号工具：页（件）号可以用铅笔、钢笔或打号机填写。

（2）填写卷内文件目录

卷内文件目录亦称卷内目录，用以揭示卷内文件内容和形式特征，一般置于卷首。永久、定期案卷，必须按规定的格式逐项填写卷内文件目录。

卷内文件目录

顺序号	文号	责任者	题名	日期	页号	备注

卷内文件目录由顺序号、文号、责任者、题名、日期、页号、备注等部分组成，填写方法是：

①顺序号，即卷内文件的序号（件号），要求以件为单位依次填写，不得遗漏。一份文件的印件与定稿、正件与附件作一件填写，占一个顺序号；同一问题的请示与批复、去函与复函，应作两件登记，占用两个顺序号。

②文号，即文件制发单位的发文字号，如“中办发［2009］5号”，要求代字与文件编号填写齐全，不能只填文件编号，如

“［2009］5 号”。没有文号的会议文件、内部文件、规章制度等，此栏空置不填。

③责任者，即文件制发单位或个人，分团体责任者和个人责任者。

团体责任者填写全称或通用的简称，如“北京市人民政府财政局”可简写为“北京市财政局”，“中国共产党运城市委员会”可简写为“中共运城市委”，但不能用“市局”、“市委”等口语化的称谓。

本单位形成的文件材料责任者也应填全称或通用的简称，如：北京市昌平区白浮村委会，不能填“本委”、“本村”等，由部门起草，以村委会或村党支部名义颁发的文件责任者应填写文件最后的落款（盖章）单位。不少单位在“责任者”栏目中填写承办部门名称甚至文件起草人员的姓名，这种做法是不规范的。某部门或人员起草文件只是履行其岗位职责，对文件的内容无法承担法律责任，如“某村土地播种面积报表”责任者一栏应填写在表头盖章单位——某村委会，而非具体填写表格内容的人。

未署责任者的文件，应考证清楚后填入括号“（　）”中。

④题名，即文件标题，一般应照实抄录，不得随意更改；没有题名或有题名但无实质内容的文件（如只有文种“通知”、“公告”、“告示”），应填写自拟题名，并加括号“（　）”注明。

⑤日期，即文件的形成时间，填写时可省略汉字“年、月、日”，在年度和月份的右下角以“.”代替。如“2009 年 6 月 8 日”填写为“2009.6.8”，年号应填写四位数，不能只写两位数，如“2008”不能写作“08”。

填写文件的形成日期应注意：

A.“红头文件”一律填写正文后的落款日期，不得填写打印、收文、批示等日期。

B. 会议记录应填写开会日期。

C. 法律、法规、标准、条例、章程等填写通过或发布日期。

D. 报表、计划、规划、预算填写编制日期。

E. 条约、合同、协议书等填写签署日期。

⑥页号（数），装订的案卷填写每份文件首页所在的页号，最后一份文件填写起止页号，并用“—”相连，如“78—85”，以便统计卷内文件总页数；不装订的案卷，要填写每份文件的页数。

⑦备注，除有破损等特殊情况外，一般不填写。

××村某一案卷卷内文件目录填写范例：

卷内文件目录

顺序号	文号	责任者	题名	日期	页号	备注
1	郭政发［2007］3号	××乡政府	关于设立安全工作专职领导的通知	2007.1.30	1	
2	郭政发［2007］4号	××乡政府	关于做好两节期间安全工作的通知	2007.2.5	3	
3	郭政发［2007］6号	××乡政府	2007年防汛工作方案	2007.5.10	5	
4	郭党发［2007］2号	××乡党委	××乡2007年新农村建设实施方案	2007.3.5	15	
5	郭政发［2007］8号	××乡政府	××乡关于建立便民服务中心的实施意见	2007.6.12	30	
6	郭政发［2007］9号	××乡政府	关于在全乡开展整治非法劳动用工的通知	2007.8.10	42—50	

（3）填写卷内备考表

备考表是用来记载卷宗内文件材料有关情况的，其项目有立卷情况说明、立卷人、检查人和立卷时间。填写要求：

①立卷情况说明。

卷内文件有以下情况的均需说明：第一，密不可分的文件收集不全，如某份文件的正件与附件，附件遗失；关于同一问题的请示与批复，请示不齐全等；第二，文件残缺、破损、字迹不清、发生霉变的；第三，文件内容须同其他载体互见的，应注明其他类档案的编号，如某会议卷同时还有会议照片案卷，应注明“该会议的照片在‘1－SX.1－5’中”。

②立卷人，填写立卷责任人的姓名。

③检查人，填写案卷质量审核人的姓名。

备考表置于卷尾。

卷内备考表

卷内文件情况说明   立卷人： 审核人： 立卷时间：

（4）案卷封面的填写

①案卷封面的格式与编制要求

每个案卷必须按照规定格式逐项填写全宗名称、类目名称、案卷题名、卷内文件起止日期、件数、页数、保管期限和归档号、档号。

案卷封面格式：

<table>
<tr><td colspan="3">全宗名称</td></tr>
<tr><td colspan="3">类目名称</td></tr>
<tr><td colspan="3">案卷题名</td></tr>
<tr><td>自　年　月至　年　月</td><td>保管期限</td><td></td></tr>
<tr><td>本卷共　件　页</td><td>归档号</td><td></td></tr>
</table>

全宗号	类目号	案卷号

各项填写要求：

全宗名称：填写立档单位全称或通用的简称，如北京市昌平区白浮村。如果自行印制案卷封皮，可以将立档单位的名称直接印上；

如购买案卷封皮，可刻制条形橡皮图章，把立档单位名称盖到封面上；如果用笔书写，最好用毛笔，使立档单位名称醒目，便于档案的管理和利用。

类目名称：填写案卷所属类目名称。如果分类方案中文书档案划分了几个层级，可以填写具有检索意义的末级类目名称。如某行政村的档案分为两个层次，第一个层次分文书档案、科技档案等，文书档案又分党群工作、村务管理等二级类目，分属这两个二级类目的案卷封面“类目名称”栏就分别填党群工作和村务管理。

案卷题名：填写立卷时拟制的案卷标题、如果案卷题名字数较多须书写两行以上，第一行抬头要空两格，各行字数分配尽量均匀，书写整齐，美观大方。关于案卷题名的拟写要求和方法，后面还将作专题介绍。

起止日期：填写案卷内最早形成的文件日期和最晚形成的文件日期。

保管期限：填写立卷时依据本村制定的《各类文件材料的归档范围和保管期限表》划定的案卷的保管期限。

卷内文件材料数量：填写卷内文件的件数和总页数。件数必须与卷内文件目录“顺序号”的尾号数一致。装订的案卷，页数填写卷内文件末页的编号数字；不装订的案卷，页数填写卷内文件页数之和。

归档号也叫文书处理号，填写由立卷单位（文书部或业务部门）编制的案卷顺序号，它是用来统计文书处理部门或内设机构每年向档案部门移交归档案卷数量的。我国实行每年立卷归档的制度，归档号必须按年度分开编，不同年度的不得连续编号。

档号：由档案部门告知档号编制方法和具体规定的才填写；反之，移交档案部门后由档案部门填写。

案卷封面填写范例：

<table>
<tr><td colspan="3">××市××乡南关村</td></tr>
<tr><td colspan="3">村务管理</td></tr>
<tr><td colspan="3">南关村关于参加新型农村合作医疗的领导、监督、发放情况及审核农民住院、门诊补偿费用票据的通知、报告等</td></tr>
<tr><td>自 2008 年 3 月至 2008 年 11 月</td><td>保管期限</td><td>永久</td></tr>
<tr><td>本卷共 13 件 21 页</td><td>归档号</td><td>全宗号</td></tr>
</table>

全宗号	类目号	案卷号
	WS. 2	32

②案卷题名的拟写要求和方法

第一，案卷题名的结构安排。文书档案的案卷题名一般由责任者、问题、文件名称组成，有的案卷要增加时间项，有的案卷，文件名称可用“文件”、“来往文书”、“案卷”等取代，责任者与问题、问题与文件名称之间，一般要分别用介词“关于”和结构助词“的”连接起来。具体情况如下：

A. 责任者——问题——文件名称。这是最常用的案卷题名结构的组成形式。责任者与问题、问题与名称间用介词“关于”和助词“的”连接。这种类型的案卷题名适用于按问题特征组成的案卷。

例如：

×××县质量技术监督局关于
责任者　　　介词

设置首饰化妆品、洗涤用品质量检验站　　的　　通知、函
问题　　　　结构助词　文件名称

B. 责任者——时间——问题——文件名称。这种结构适用于按名称结合时间特征组成的案卷。如预决算、统计表、名册、计划、总结、会议记录等组成的案卷。这类案卷题名一般不用介词“关于”和结构助词“的”。例如：

山西省长治县××村　　一九九七年　　村务　　会议记录
责任者　　　　时间　　问题　　综合文件名称

山西省长治县××村　　一九九四年　　村民　　花名册
责任者　　　　时间　　问题　　文件名称

C. 会议名称——文件名称。适用于一个会议形成的通知、议程、讲话、报告、总结等组成的案卷。这类案卷题名不用介词和结构助词，文件名称也不用一一具体写出，只要点出会议名称，文种用“文件”即可，例如：

1997 年全国农业和农村档案工作会议　　文件
会议名称　　　　　　文件名称

D. 当事人——问题——案卷。适用于由非诉讼案件材料组成的卷，这种类型的案卷题名也不用介词和结构助词。例如：

张××、李××打架斗殴案卷
当事人　　问题　　案卷

E. 通讯者——问题——来往文书。这类题名适用于单位之间因商洽工作、处理问题形成的文件材料组成的案卷。需用介词“关于”和结构助词“的”联结。通讯者中，要把立档单位写在前面。具体写法可有两种，例如：

××厂	关于	产品销售问题	与×××公司	的	来往文书
通讯者	介词	问题	通讯者	结构助词	文件名称

××厂与×××公司	关于	产品销售问题	的	来往文书
通讯者	介词	问题	结构助词	文件名称

第二，对案卷题名各组成部分的要求

①责任者：即卷内文件的制发单位（团体责任者）或个人（个人责任者）。案卷题名的责任者要与卷内文件责任者保持一致，凡团体责任者要用全称或通用的简称。

如果卷内文件责任者较少（如三个以下），应全部标出；

如果责任者较多但能概括者须概括标出，不能概括的标出主要责任者。概括方法是：一是将同一地区或同一系统的全部单位概括成一个总称，如《××市各区县农业局关于科技示范田情况的报告》；二是将同类型责任者的共性部分加以概括，如中共太原市委、中共大同市委、中共阳泉市委、中共长治市委这几个团体责任者中，“中共……市委”是其共性部分，案卷题名责任者就可以概括为：“中共太原、大同、阳泉、长治市委”。凡个人责任者，如系全国知名人物，可直书其姓名；如不是全国知名人物，要在姓名前加上职务。

②问题：就是卷内文件所记述和反映的主要内容。除综合性的会议、工作计划、总结等组成的案卷外，其余案卷均须标明问题。

如果卷内文件仅涉及两三个问题，应逐一点出；

如果卷内文件涉及问题较多，可将同类性质的问题加以概括，不同性质的可列出主要部分。例如：《白浮村关于印发各部室职责范围及岗位责任制的通知》、《白浮村关于印发财务管理制度的通知》、《白浮村办公用品管理办法》、《白浮村暂住人口补助办法》等 4 份文件组成的案卷，题名中问题可标为“部室职责范围、行政管理制度、暂住人口补助”。

案卷题名的问题部分，要用简练的文字揭示卷内文件，切忌罗列文件标题。凡卷内文件材料涉及政治和党的路线、方针、政策的，案卷题名必须符合党和国家的方针、政策，确切反映案卷内文件的内容，保证政治上的正确性。

③文件名称：即标明卷内文件的文种，放在标题之后。标明名称应区别以下几种情况：

卷内文件只有两三个文种的，可将文件名称逐一标出；

卷内文件名称很多时，可标出多数文件或主要文件的文种，一些性质相近的文种，可以概括为一种，如“计划、纲要、要点、规划”可概括为“计划”，“报告、汇报材料”可概括为“报告”。

④时间：案卷题名中的时间指的是卷内文件内容针对的时间，而不是成文日期，由计划、总结、预决算、统计年报、会议记录等时间针对性很强的文件组成的案卷，题名中必须标明时间。案卷题名中的时间必须用全称，不能把“二零零八年”简写为“零八年”，更不能使用“今年”、“去年”、“明年”等指代不明确的语词。

⑤通讯者：即商洽、交流工作互相有文件来往的单位和个人。全部由来往文书组成的案卷，题名中应明确通讯者。

⑥标点符号的使用：案卷题名从结构上看，不是一个完整的名字，而是一个文字较长，比较特殊的偏正词组（或叫短语），题名的末尾不加句号，并列责任者、问题、文种之间使用顿号“、”隔开。

6. 案卷的装订

文件组成案卷，并完成卷内目录、备考表、案卷封面的编制后便进入装订的环节。装订可以固定文件的排列顺序，不易散失，便于档案的清点、迁移和保存。

（1）案卷装订的要求

①去除金属物：装订前要把文件上的订书针、大头针、回形针等金属物除去，以防金属物锈蚀文件。清除时应注意不要损坏文件。

②加边托裱：对破损文件，应进行适当的修补托裱。对个别小规格的文件和装订线外有文字的文件，应加一定宽度的白纸，避免装订时掉页或损坏文件内容。

③折叠取齐：宽大的纸页要折叠、取齐、压平，在左侧装订的案卷，把底边和右边取齐。

（2）装订的方法

①确定装订线：横排文件和由其组成的案卷，一律在左侧装订。按照 1999 年国家技术监督局颁发的《国家单位公文格式》的规定，文件左侧应留 20mm 白边，以便装订。

②确定装订方式：根据本村工作实际，可选择成卷装订，也可以选择单件装订。成卷装订一般在左侧打三个孔（孔距 7cm 左右），用线绳装订，装订孔不得破坏文字，装订线不应压字妨碍阅读，装订要牢固、不掉页。不成卷装订的案卷，要逐件用细线装订，放在特制的卷夹或卷盒内。

7. 案卷排列和案卷目录的编制

农村立卷人员对案卷编目装订后，还应该对案卷进行系统排列，编制案卷目录。

（1）案卷的排列和编号

案卷排列的方法是，先将案卷按分类方案分开，再在末级类目内按保管期限——重要程度排列，便于直接利用立卷成果，对档案进行分类管理。

案卷排列后，要统一编上顺序号，填写在案卷封面的“案卷号”栏内。

（2）案卷目录的编制

农村立卷人员完成组卷任务后，须按照《档案法》的规定，向本村档案机构或者档案工作人员移交归档。移交归档时，须编制移交目录一式二份，连同案卷一并向本村档案机构或者档案工作人员移交。如果由档案人员负责立卷工作，也须编制案卷目录，方便日后的统计、保管和查询。

案卷目录由封面、案卷目录表和封底构成。

①案卷目录封面包括目录名称、案卷数量、接收人、移交人、交接时间等项。

案卷目录名称由单位名称、类目名称、案卷所属年度、目录四部分组成。

案卷数量，即本目录内案卷实有数量。

移交人、接收人和交接时间，在正式办理移交时由交接双方当事人签字。如果档案人员兼任文书处理人员，文件材料经档案工作人员立卷直接归入档案中，无须办理移交手续。

案卷目录封面格式：

××村 2008 年文书档案案卷目录 案卷数量：10 卷 移交人：　　　　　　　　接收人： 交接时间：

②案卷目录表格式见下图，各项目的填写须与案卷封面上的项目对应，照实登录。

案卷号	案卷题名	所属年度	卷内件数	页数	保管期限	备注

上文简单介绍了文书档案整理常规的方法与步骤，实际工作中文件形式各异、内容包罗万象，还需要农村文书人员和档案人员具体情况具体分析，把握基本原则，灵活运用各种方法，认真、细致、规范地做好立卷工作。

四、文书材料整理方法的变革

20 世纪 90 年代，随着现代化办公设备的普及和现代管理方法的应用，部分政府单位、企事业单位开始探讨文书立卷改革方式，实行简化整理、深化检索的文件级管理。2000 年国家档案局在广泛调研的基础上，发布《归档文件整理规则》，各地方档案管理部门也相继出台《实施细则》。随后，已实施办公自动化或者现代化办公条件比较成熟的单位纷纷变革传统的文书立卷方式，推行以件为单位的整理和保管。

我国各地农村经济发展不平衡，档案管理水平也相差悬殊，有的早已建起了现代化的办公大楼，有的山区农村则简陋到没有一间符合保管要求的档案库房。因而笔者认为，适用于手工管理的文书立卷仍将长期在农村盛行。当然，个别有条件的农村也可以尝试文件级管理，下面对此简要介绍：

（一）归档文件整理原则与要求

文书材料在此统称为归档文件，整理归档文件依然要遵循文件的形成规律，保持文件之间的有机联系，区分不同价值，便于保管和利用。

归档文件整理须符合以下要求：

1. 归档文件应齐全完整，已破损的文件应予修整，字迹模糊或易褪变的文件应予复制。修复的文件应附于原件之后一并整理。重点核查文件的正本、附件、签发单、定稿是否齐全，是否为原件。

2. 整理归档文件所使用的书写材料、纸张、装订材料等应符合档案保护要求。归档文件的字迹材料最好采用墨、墨汁、碳素墨水、黑色油墨等材料，也可以采用彩色油墨、蓝黑墨水、印泥等字迹材料。归档文件禁止使用纯蓝墨水、红墨水、复写纸、圆珠笔、印台油、铅笔、光敏纸传真件等字迹材料，凡使用此类字迹材料制作的文件材料，均须复制后连同原件一并归档。

（二）归档文件整理步骤

1. 装订

（1）“件”的确定

“件”是归档文件的整理单位。“一件”是指从实体上装订在一起的，编目时体现为一个条目的文件。一般以每份文件为一件，文件正本与定稿为一件，正件与附件为一件，原件与复制件为一件，转发文与被转发文为一件，报表、名册、图册等一册（本）为一件，来文与复文可为一件。文件处理单（也称阅文卡）真实地记录了文件的形成、办理过程，是归档文件不可分割的重要组成部分，应与对应的文件作为一件归档。

（2）归档文件的装订

“件”内文件材料的排序，除单页文件外，其他文件装订前先要进行排序。一般情况下，正本在前，定稿在后；正文在前，附件在后；原件在前，复制件在后；转发文在前，被转发文在后；复文在前，来文在后。汉文本在前，少数民族文字文本在后；中文本在前，外文本在后。

归档文件应按件装订（薄的用曲别针或不锈钢钉，厚的用燕尾夹，长久保管的文件最好用细线等耐久材料装订）。

2. 分类

归档文件依据分类大纲进行分类。文件采用以件为单位整理时，可以按照本书第三章农村档案分类方案中文书档案三级类目设置法分类。

按职能分类：将农村管理性文件按职能分为党群工作、村务管理两大类；

按年度分类：再将党群工作、村务管理两大类文件分别按其形成年度分类。

3. 排列

归档文件应在分类方案的最低一级类目内，按事由结合时间、重要程度等排列。会议文件、统计报表等成套性文件可集中排列。

4. 盖章编号

归档文件应依分类方案和排列顺序逐件编号，在文件首页上端的空白位置加盖归档章并填写相关内容。归档章设置全宗号、类目号、年度、保管期限、件号、页数、末级类目名称等项目。

全宗号		类目号	
件号		年度	
页数		保管期限	
类别			

（1）全宗号：县或乡档案馆给每个农村编制的代号，没有进馆任务的农村此项空置不填。

（2）类目号：每份文件在分类方案中所属类别的代号，一般填写到二级类目。

（3）年度：文件形成年度，以四位阿拉伯数字标注公元纪年，如 2009。

（4）件号：文件的排列顺序号。

件号的编制方法为：在分类方案的最低一级类目内，按文件排列顺序从“1”开始标注。

（5）保管期限：按照文件材料保管期限表划定的每份文件的保管期限。

（6）页数：每份文件的总页数。

（7）类目名称：每份文件在分类方案中所属的类目名称。这里需强调，某村文书档案如果采用以件为单位的整理方式，可以将年度设为三级类目（末级类目），但因档号中已设有年度项目，重复填写没有实用价值，所以，填写为党群工作类或村务管理类为宜。

5. 编目

归档文件应依据分类方案和件号顺序编制归档文件目录

××××年××××文件目录

档号	文号	责任者	题名	日期	页数	密级	保管期限	备注

归档文件应逐件编目，来文与复文作为一件时，只对复文进行编目，但须在备注中注明，如：附请示。归档文件目录设置档号、责任者、文号、题名、日期、页数、密级、保管期限、备注等项目。

（1）档号：填写全宗号、类目号、件号，如 89—WS. 1. 2005—26。

（2）责任者：制发文件的组织或个人，即文件的发文单位或署名者。

（3）文号：文件的发文字号，包括制发单位的代字、年度、顺序号。

（4）题名：文件标题。当文件只有一个题名时，填写应照实抄录；当文件有副题名（副题名即文件标题中破折号冒号后面部分）或并列题名（并列题名即以其他语言文字书写的题名）时，如果正题名能够反映文件内容，副题名一般不须抄录，并列题名在需要时与正题名一并抄录；当文件没有题名，或题名含义不清，不能提示或不能全面提示文件内容时，应重新拟写或补充标题，并在新拟或补充标题之外加“（ ）”；会议记录须重拟题名，并写明会议的时间和主要内容；正文与附件为一件时，如正文仅仅是一个颁发通知，附件才是具体的条文，附件的题名应同时抄录，外加“（ ）”号。

（5）日期：文件的形成时间，以 8 位阿拉伯数字标注年月日，如 20090506。

（6）页数：每一件归档文件的页数。文件中有图文的页面为一页。

（7）密级：原文件上标识的文件保密程度的等级。分为秘密、机密、绝密三种。

（8）保管期限：根据档案价值确定的档案应该保存的时间，一般分为永久、定期两种。

（9）备注：注释文件需说明的情况，譬如批复后面的请示需要标注。

归档文件目录范例：

档号	文号	责任者	题名	日期	页数	密级	保管期限	备注
WS. 1. 2005－1		××××村党支部	××××党支部组织机构图	20050223	1		永久	
WS. 1. 2005－2		××××村党支部	××××村2005年党员基本情况统计表	20050430	4		永久	
WS. 1. 2005－3		××××村党支部	××××村党支部民主议事会议纪要	20050519	4		30年	
WS. 1. 2005－4		××××村党支部	××××村党支部后备干部培养计划	20050609	6		30年	
WS. 1. 2005－5		××××村党支部	××××村2005年下半年党员目标管理责任书	20050622	3		30年	
WS. 1. 2005－6		××××村党支部	××××村党支部党日活动记录表	20051014	12		30年	

归档文件目录应采用电子版本和纸质版本双套制保管。纸质版本应装订成册并编制封面。归档文件目录封面可以视需要设置全宗名称、年度、问题等项目。其中全宗名称即立档单位的名称，填写时应使用全称或规范化简称。电子版本的目录需要备份。

6. 装盒

装盒是将经过整理编目的归档文件按件号顺序装入档案盒，并填写盒脊及备考表项目。

（1）档案盒的格式及填写

档案盒的盒脊上设置全宗号、类目号、年度、起止件号、类目名称等项目。其中，起止件号填写盒内第一件文件和最后一件文件的件号，中间用“—”号连接。

范例：

全宗号
1
类目号
WS. 1
年 度
2002
起止件号
36
41
类别
党群工作

（2）填写盒内备考表

备考表置于盒内文件之后，格式参见文书档案卷内备考表，项目包括盒内文件情况说明、整理人、检查人和日期。

盒内文件情况说明：填写盒内文件缺损、修改、补充、销毁等情况。

整理人：负责整理归档文件的人员姓名。

检查人：负责检查归档文件整理质量的人员姓名。

日期：归档文件整理完毕的日期。

7. 上架

按照分类方案排列上架。

8.《归档文件整理规则》的适用范围

文件级整理方法仅适用于农村的文书档案和村办企业的行政管理、经营管理类档案，其他科技、会计、声像等类档案仍然采用案卷级整理方法。

第二节 科技档案的整理

针对农村档案工作的实际，本节主要介绍基本建设与科学研究这两类档案的整理。

一、基本建设档案的整理

（一）基本建设档案的含义

基本建设档案是指基本建设项目在立项、审批、招投标、勘察、设计、施工、监理及竣工验收全过程中形成的文字、图表、声像等形式的全部文件。包括基本建设项目前期文件、竣工文件和竣工验收文件等（以下均简称基建档案）。

基建档案整理是指将收集到的基建活动过程中形成的、具有保存价值的各种形式原始记录，以卷为单位进行装订、分类、排列、编号、编目、装盒，使之有序化的过程。其原则是尊重文件的形成规律，保持文件间的有机联系，便于档案的保管利用，符合相关标准规范。一般可分为分类、组卷、卷内文件整理、填写卷内目录与备考表、填写案卷封面、装订、编制检索工具等步骤。

首先应了解几个基本概念：

1. 建设项目：指建筑、安装等形成固定资产的活动中，按照一个总体设计进行施工，独立组成的、在经济上统一核算、行政上有独立组织形式、实行统一管理的单位。

2. 单项工程：指建设项目中具有独立设计文件、可独立组织施工，建成后可独立发挥生产能力或工程效益的工程。

3. 单位工程：指具有独立设计文件、可独立组织施工，但建成后不能独立发挥生产能力或工程效益的工程。

4. 项目文件：指建设项目在立项、审批、招投标、勘察、设计、施工、监理及竣工验收全过程中形成的文字、图表、声像等形式的全部文件。包括项目前期文件、项目竣工文件和项目竣工验收文件等。而基建档案严格讲应叫建设项目档案，即应归档保存并经过鉴定、整理的项目文件。

由于一些基建工程的建设过程也会伴随着与之关系密切的设备购置与安装等活动，所以在介绍基建档案的整理方法时也会涉及部分设备档案的内容。

（二）基建档案的分类

整理基建档案，是在对基建档案材料进行科学分类的基础上进行的。基建档案最基本的分类方法是工程分类法，即按照工程项目进行分类。

首先应将行政村所有基建档案材料作为一个整体，纳入本村统一的分类编号体系，再根据类目设置原则对所有基建档案材料进行分类，而组卷则是在最低级别的类目材料——单项工程所有文件的基础上进行的，不同单项工程的项目文件不属于同一类。对于行政村规模很大、基建工程项目较大、单项工程数量较多的，可选择先按照工程项目性质设置二级类目，如生产设施、生活福利设施、社会公用设施、其他设施等，再将所有单项工程相应设置为三级类目，即最低级别的类目。对于一般的农村，基建工程项目小，单项工程数量也比较少，其二级类目则按照单项工程来设置，即有一个单项工程设置一个二级类目。具体采用哪种类目设置方法，各行政村要依据自己的实际需要来确定。在实施具体的分类工作时，需要设置一个“基建综合管理”类，将行政村所有基本建设的总体规划、村镇布局、道路、地下设施、隐蔽工程等文件材料归入“基建综合管理”范围。

已颁布的《国家重大建设项目文件归档要求与档案整理规范》，不仅对国家重大工程建设项目文件的管理作出了规定，一般基建工程项目文件材料的管理同样可参照执行。

（三）案卷的组织与编目

1. 组卷原则

组卷要遵循文件材料的形成规律，保持案卷内文件材料的有机联系，便于档案的保管和利用。

具体讲，组卷时要遵循基建工程文件材料的形成规律和成套性特点，组卷合理，鉴别各类法律性文件材料的手续是否齐备，要符合档案管理的要求。其中“法律性文件手续齐备”是我们需要多加关注的，毕竟“准确性”是档案工作的生命。在形成的基建工程材料有多套的情况下，一定要选择那些具备完善法律手续的文件。对于有些工作中不必形成原始文件，如勘察、水文、气象、地震材料，可以使用复印件替代整理。当所收到的文件只有一套，且不具有法律效用时，则应及时收集或先使其完备法律手续后再归入整理。

2. 组卷要求

（1）案卷内文件材料内容必须准确反映基本建设及其管理活动的真实情况。

（2）案卷内文件材料要齐全、完整。

（3）案卷内文件材料的载体和书写材料应符合耐久性要求。不能有热敏纸，不能有铅笔、圆珠笔、红墨水、纯蓝墨水、复写纸等书写的字迹。

3. 组卷方法

（1）直接针对具体基建工程项目的管理性文件材料放入所针对的项目里组卷。管理性文件按问题、时间或工程项目的依据性、基础性、竣工验收文件组卷。在基建工程项目形成的所有文件中，管理性文件有许多，它们的组卷与党群工作、村务管理等档案类似，是以问题、时间为特征，当然前提是在同一个基建工程项目内。由于许多管理性文件并不直接属于某一单项工程，所以在基建工程项目档案的类目设置中，总会有一个“基建综合管理”类。将那些隶属于具体某一单项工程的所有设计文件、工程管理文件、施工文件、监理文件、工艺设备文件及生产技术准备、试生产文件直至该单项工程的财务、器材管理文件和竣工验收文件组成若干卷，排列在该单项工程这一类目之下，而将针对具体单项工程以外的所有该基建工程项目的总体性文件如项目建议书及其报批文件、设计基础文件、总体规划设计、计划、投资、统计、管理文件、招标投标文件、专项申请、批复文件以及整个基建工程项目的财务、器材管理文件和竣工验收文件，均按照不同的工作阶段组成若干卷，归于“基建综合管理”类中。

（2）基建工程项目按其结构或阶段等分别组卷。基建工程施工文件材料，按照单项工程、单位工程或装置、阶段、结构、专业组卷。在这里，对那些小型、简单的工程，形成的施工文件数量很少，组成一个或几个卷就可以解决问题，而对那些复杂工程，形成的施工文件较多的，则应该组成多卷排列在一起。但要注意此时的多卷，是指同一个单项工程内的材料。比如，当我们面对某一个复杂的单项工程施工文件材料时，可以先将同一个单位工程的所有施工文件放在一起，再按照专业、结构、阶段或装置分开，同专业或同结构、阶段、装置的施工文件可组成若干卷。总之是根据这个工程所产生的文字材料数量的多少来决定组合的卷数。基建工程项目竣工图按照建筑、结构、水电、暖通、电梯、消防、环保等顺序组卷。竣工图的组卷，同工程的施工文件在组卷思路上是一致的，有些简单工程的所有竣工图组成一卷都可以，而有些复杂工程，单其中的某一专业的竣工图就可组成若干卷，关键是做好图纸的排列工作。

（3）一个基建工程如果已经保存了一套相关的通用图、标准图，并已单独组卷，采用了这些通用图、标准图的基建工程项目，在组卷时可以不需要再配置这些图，而在卷内备考表中说明并标注标准图、通用图的图号就可以了。

（4）引进项目中的成套文件材料可以不拆散组卷。

（5）对基建工程的改造、更新以及使用、管理和维护所形成的各种文件材料，应该单独组卷并排列在这项工程的案卷之后。

（6）设计变更文件、工程更改洽商单、监理文件按照文种组卷。对于更改内容较少的简单工程，可将在工程设计、施工及合同谈判等活动中形成的更改文件，组成一个或几个卷。而对那些更改内容很多的基建工程，则要先将该工程的所有更改文件按照专业、结构、阶段或装置分开，再根据各自的数量决定组卷的多少。监理文件的组卷，则是根据同一单位工程形成同文种监理文件的多少来确定组卷的多少。

（7）底图以张为单位单独保存和管理。

（8）案卷及卷内文件不应该重份；同一卷内有不同保管期限的文件，该案卷保管期限要从长。

4. 案卷和案卷内文件材料的排列

（1）基建工程类案卷按照工程项目依据性材料、基础性材料、工程设计（含初步设计、技术设计、施工图设计）、工程施工、工程监理、工程竣工验收的工作程序来排列。

（2）案卷内管理性文件材料按照问题、时间或重要程度排列。

（3）施工文件按照管理、依据、建筑、安装、检测实验记录、评定、验收的基本程序排列。

(4) 设备类案卷按照设备依据性材料、外购设备开箱验收（自制设备的设计、制造、验收）、设备安装调试、随机文件材料、设备运行、设备维护等排列。

(5) 竣工图按照专业、图号排列。有图纸目录的，按图纸的原目录、原图号排列，没有图纸目录的，先排总平面布置图，后排局部图。排完一个专业项目再排另一个专业项目。

(6) 案卷内文件材料的排列，一般是文字在前，图样在后；译文在前，原文在后；正件在前，附件在后；印件在前，定（草）稿在后。

5. 案卷的编目

(1) 卷内文件材料页号的编写

①案卷内文件材料均以有书写内容的页面编写页号。

②单面书写的文件材料在其右下角编写页号；双面书写的文件材料，正面在其右下角，背面在其左下角编写页号。图纸的页号编写在标题栏外。

③成套图样或印刷成册的文件材料，如果自成一卷，原来的目录可以代替卷内目录，不必重新编写页号；如果与其他文件材料组成一卷，则应该排列在卷内文件材料最后，将其作为一份文件填写卷内目录，而不必重新编写页号，只需要在备注中注明总页数。

卷内目录、卷内备考表均不编写页号。

(2) 案卷封面的编制

①案卷封面印制在卷盒的正表面，也可以采用内封面形式。

②案卷题名应简明、准确地揭示卷内文件材料的内容，主要包括项目名称或代字、代号及其结构、阶段的名称等，如“×××村水清沟改造工程项目建筑竣工图”。

案卷题名一般由立卷人拟写。

③立卷单位应该填写负责文件材料组卷的部门或项目负责部门。

④起止日期应该填写案卷内文件材料形成的起止日期。

⑤保管期限应依据有关规定填写组卷时划定的保管期限。

⑥密级应依据保密规定填写卷内文件材料的最高密级。

⑦档号应填写全宗号—类目号—案卷号。全宗号，指档案馆给本村的代号，如果没有代号，可以空置不填。类目号是指按照统一的分类规则划分本行政村全部档案后所给定的类目代号，如本村基建档案第一个工程项目为KJ.1。案卷号，是在类目末级内以卷为单位、采用阿拉伯数字编号。

案卷封面填写范例：

档　　号 89－KJ.1－5

档案馆号 ________

缩微　号 ________

案卷题名 ×××村水清沟改造工程项目竣工验收报告

编制单位 ×××建筑公司

编制日期 2008.7

保管期限 永久

密　　级 ________

（3）案卷脊背的编制

案卷脊背项目有保管期限、档号、案卷题名，保管期限可以填写已划定的，也可采用色标区分的方法，如红色代表永久，黄色代表长期，绿色代表短期。

案卷题名可以根据各单位具体情况自行填写或不填。

（4）卷内目录的编制

①序号应用阿拉伯数字从1起依次标注卷内文件材料件数的顺序。

②文件编号应填写文件材料的文号或图纸的图号、设备代号、项目代号等。

③文件材料题名应填写文件材料的全称。

④责任者应填写文件材料的形成部门或主要责任者。

⑤日期应填写文件材料的形成日期。

⑥页号应填写每件文件材料首页上标注的页号。

⑦卷内目录排列在卷内文件材料首页之前。

卷内目录填写范例：

卷内文件目录

序号	文件编号	文件材料名称	责任者	日期	页号	备注
1		××行政村办公楼施工图设计合同	××行政村、××设计院	1984.8.30	1	
2		××行政村办公楼建筑安装施工合同	××行政村、××建筑公司	1985.10.10	5	
3		××行政村办公楼建筑安装工程补充合同	××行政村、××建筑公司	1985.12.09	16	
4		××行政村办公楼工程项目一览表	××设计院		17	
5		××行政村办公楼设计任务委托书	××行政村、××设计院	1984.7.5	18—19	

（5）卷内备考表的编制

卷内备考表是卷内文件材料状况的记录单，排列在卷内文件材料之后。它包括以下一些需要填写的项目：

①说明：案卷内文件材料的件数、页数以及在组卷和案卷提供使用过程中需要说明的问题。

②立卷人应由责任立卷人签名。

③立卷日期应填写完成立卷的日期。

④检查人应由案卷质量审核者签名。

⑤检查日期应填写审核的日期。

⑥互见号应填写反映同一内容但形式不同且另行保管的案卷的档号。档号后应注明档案载体形式，并用括号括起来。

卷内备考表填写范例：

卷内备考表

说明： 本卷缺×××图纸 立卷人：××× 时　间：2008年8月5日 审核人：××× 时　间：2008年8月20日

(6) 案卷目录的编制

基建档案的案卷目录，是按照行政村档案分类编号办法确定的基建档案的分类、排列的顺序，以案卷为单位进行登记著录形成的目录。它的主要作用是固定基建档案的分类、排列次序，揭示基建档案的内容与成分，是一种直接查找基建档案的检索工具。

我们在前面介绍过，在实际工作中，也可以用案卷的移交目录替代案卷目录。

基建档案案卷目录格式：

基建档案案卷目录

档号	案卷题名	页数	形成日期	保管期限	备注

6. 案卷的装订

案卷可以采用装订和不装订两种形式。具体要求是：

(1) 案卷内不同幅面的文件材料要折叠为统一幅面，破损的要先修复。幅面一般采用国际标准 A4 型（297mm×210mm）或国家通用 16 开型（260mm×185mm）。

图纸的折叠方法：对于大于 A4 的图纸，以手风琴式折叠成 A4 图纸的规格，先竖后横。标题栏、竣工图章应露在右下角外面。采取不装订方法立卷的，每张图纸一定要加盖“档号章”，以此来固定分类、排列的顺序，这是一个不能缺少的工作程序。如果图纸没有空白处或加盖“档号章”后影响阅读图纸及图面的整洁，可以盖在图的背面。但要注意，尽量选择在每一张图纸的相同位置盖章，以求得管理的便利。

（2）案卷内不允许有金属物。

（3）对于整个案卷不装订的文字材料，应该先装订好每份材料，随后在每份材料的右上角加盖档号章，顺序排列。

（4）底图不可以装订，要采用平放或卷放的方式保管，每个底图袋要有标签。

这里说明一点，一卷就是一个独立的单位，包含着唯一的档号、题名及特定的内容。档案工作中的卷数统计，是以完整意义上的“卷”为单位的，即由唯一对应的卷内文件材料、档号、题名、卷内目录、备考表等构成的一“卷”为一个统计单位，而档案盒、档案柜只是档案材料的保管外装具。

二、科学技术研究档案的整理

科学技术研究档案，简称科研档案，是指在科学技术研究过程中形成的、具有保存价值的文字、图表、数据、声像等各种形式载体的文件材料。科研档案是科学技术研究活动的真实记录，是科学技术储备的一种形式，是一项重要的信息资源，是国家的宝贵财富，必须实行集中统一管理，确保完整、准确、系统、安全，以利开发利用。

对于一般常规性的科研课题。其归档范围主要包括：

一是科研准备阶段：科研课题审批文件、任务书、委托书，开题报告，调研报告，方案论证和协议书、合同等文件；

二是研究实验阶段：各种载体的重要原始记录，实验报告，计算材料，专利申请的有关文件材料，设计文件、图纸，关键工艺文件，重要的来往技术文件等；

三是总结鉴定验收阶段：工作总结，科研报告，论文，专著，参加人员名单，技术鉴定材料，科研投资情况、决算材料等；

四是成果和奖励申报阶段：成果和奖励申报材料及审批材料，推广应用的经济效益和社会效益证明材料等；

五是推广应用阶段：推广应用方案、总结，扩大生产的设计文件、工艺文件，生产定型鉴定材料，转让合同，用户反馈意见等。

行政村科研档案的主体内容，主要是科学技术研究应用档案。即行政村在开发、引进推广等农业科研活动中形成的计划、报告、鉴定材料，包含本村关于科学种田、培育优良品种、改良土壤的试验报告、调查总结及名优土特产说明书等材料。由于相对比较简单，所以在整理时需要实事求是地采取合适的方法，不宜复杂化。

（一）分类

科研档案的基本特点是以课题成套。一个科研课题的档案材料，是有机联系的整体。任何科研活动，都是以课题为单元进行的，并形成了一套在内容和程序上前后衔接、左右联系的科研档案整体。鉴于农村科研档案的特点，可以选择按照专业进行分类后，各专业内的文件材料以课题为单元进行组卷并以年代为序排列。

（二）组卷方法

1. 直接针对具体科研项目的管理性文件材料放入所针对的科研项目里组卷。

2. 小型科研项目、形成文件材料数量比较少的，可以不再具体划分、组卷。对于比较大型的科研项目，形成了较多的文件材料，则可以按照问题或年度组成若干案卷。

（三）案卷及卷内文件材料的排列

科研档案案卷按照课题的准备阶段、研究实验阶段、总结鉴定验收阶段、成果和奖励申报阶段及推广应用阶段来排列。也就是说，既包括原始依据性材料，也应该包括过程性及结果性材料。

（四）案卷题名的拟写

科研档案与基建档案案卷题名的构成是一样的，即主要包括项目名称或代字、代号及其结构、阶段的名称。如“×××村水稻七号推广调查报告及工作总结”。

需要说明一点，由于科学研究与基本建设都属于比较典型的科技生产活动，它们形成的文件材料都具有很强的、围绕项目的成套性，而且许多的整理细节、方法也具有相似性。所以，以上只对部分内容作了一些介绍。

第三节　农村会计档案的整理

会计档案是行政村非常重要的一种档案门类，通常情况下，它形成的历史最悠久，数量也最大，往往占据着行政村档案的主体地位。会计档案是一种专门档案，与文书档案、科技档案不同，它有着特殊的产生过程与专业特性。

会计档案作为经济工作的重要组成部分，很早就成为社会关注的重要内容，国家曾经先后多次出台相关制度与办法，规范会计档案的管理。1984 年 6 月 1 日，财政部、国家档案局颁布《会计档案管理办法》，该《办法》的制定为统一全国会计档案工作制度、规范会计档案管理发挥了重要作用。随着经济体制改革的逐步深入，《办法》中某些条款已不能适应社会发展的需求，新的经济形势对会计档案管理工作提出了许多新要求，如单位产权变更对会计档案保管的影响、实施电算化后会计档案如何保管等问题不断挑战着已有的管理制度。为此，财政部会同国家档案局在充分调查研究的基础上，根据《会计法》与《档案法》的有关规定，于 1998 年 8 月 21 日发布新的《会计档案管理办法》。修改后的法规是我们依法管理会计档案的重要依据，也是广大行政村规范会计档案的行动指南。

一、农村会计档案的概念

谈及会计档案，人们首先想到的可能是账本、票据等，事实上，会计档案的范围远不止账本和票据，它还包括其他内容，1998 年的《会计档案管理办法》对此进行了明确界定，会计档案是指会计凭证、会计账簿和财务报告等会计核算专业材料，是记录和反映单位经济业务的重要史料和证据。

理解这一概念，须注意区分会计档案与文书档案的不同。会计档案是一种专门档案，它的内容专指、外观形式特殊，必须是在会计核算中形成的凭证、账簿和财务报告才属于会计档案；在会计其他管理活动中形成的财务管理制度、法规性文件、财务计划、财务总结等，则不属于会计档案，整理时应划归文书档案的范畴。

农村的会计档案真实地记录了农村各个时期的经济活动，反映了农村生产建设活动的历史面貌，这些大量的原始数据不仅可以为行政村制订新农村建设计划、项目可行性研究、提供可靠的数据和可比性资料；还为农村的财务工作和生产经营提供决策依据；同时，对查处经济案件、推动村务公开，研究农村经济发展等项工作有着重要的作用。

二、农村会计档案的整理

（一）农村会计档案的整理范围

整理会计档案首先应弄清楚基本范围，即哪些材料属于会计档案。一般情况下，行政村会计档案包括四大类：

会计凭证类：原始凭证，记账凭证，汇总凭证，其他会计凭证。原始凭证，俗称单据，是在经济业务发生或完成时取得或填制的，用以记录、证明经济业务已经发生或完成的书面证据，是进行会计核算的原始依据，它记载着大量的经济信息，具有较强的法律效力，所以它是一种很重要的凭证。记账凭证，俗称传票，是会计人员根据审核后的原始凭证的经济内容确定会计分录而编制的一种凭证，是直接登记账簿的依据。也就是说，记账凭证是从原始凭证生成的。

会计账簿类：总账，明细账，日记账，固定资产卡片，辅助账簿，其他会计账簿。

财务报告类：月度、季度、年度财务报告，包括会计报表、附表、附注及文字说明，其他财务报告。

其他类：银行存款余额调节表，银行对账单，其他应当保存的会计核算专业资料，如会计档案移交清册，会计档案保管清册，会计档案销毁清册。

在明确行政村会计文件材料的归档范围时，有两个问题需要注意：一是会计报表前后所附的文字说明、附注等，应归入会计档案，随报表一同整理编号。二是像财务管理规定、制度，关于财务问题的请示与批复，物资采购计划、审批手续等文件应归入文书档案，按照文书档案的整理方法进行分类、排列、编号、编目。

（二）农村会计档案的整理人员与时间要求

按照《会计档案管理办法》的规定，一般单位是由财务部门按照归档要求，负责整理立卷，装订成册，编制目录。归档时间为当年形成的会计档案，在会计年度终了后，暂由会计机构保管一年，期满之后，移交档案部门统一保管。

如果行政村财务部门、档案部门机构设置比较齐全，管理规范，应当按照国家规定，由经办会计定期整理会计档案，并移交村档案部门保管。如果行政村所辖区域不大，财务工作和档案工作均未形成规模，尚未成立专门的财务部门和档案部门，由某位村委会工作人员兼任会计，同时担当行政村的档案管理人员，整理、归档统一由一人负责。在这种情况下，财务人员也须注意按时整理归档，在第二年应该按照国家要求对上一年本村形成的会计材料，进行适当的分类、编号、编目、上架，以防文件材料的散失。

（三）农村会计档案的整理步骤

1. 分类

会计档案的整理，是从会计文件材料的分类开始的，常用的会计档案的分类方法一般有两种：一种是类别（形式）——年度分类法，另一种是组织机构——类别（形式）——年度分类法。会计档案分类方法的选择，要从本村会计档案的实际情况出发，如果本村形成的会计档案数量不多，可以选择第一种分类法；如果形成的会计档案类型不止一种，如除了村委会会计，还有基建会计、企业会计等，可以选用第二种分类方法。会计档案分类方法一旦确定，就应相对固定，保持其一贯性。前文中提到一般农村应该以红头文件的形式出台一个统一的档案分类方案，包括会计档案、文书档案等门类，为会计档案的保管和利用提供指导。

如果某行政村档案分类方案中会计档案按类别——年度进行分类，就是先分凭证、账簿、财务报告、其他四类，每个类下再按照年度分开，然后在几类内按不同的保管期限分别组卷。

如果某行政村档案分类方案中会计档案依照组织机构——类别——年度分类法，是先将会计档案按其形成机构分类，如村委会会计、企业会计等，再对每个机构的会计档案分为报表、账簿、凭证、其他四类，每类下再分年度。

2. 组卷

（1）会计凭证的组卷方法

首先须将不同规格的票据统一折叠为记账凭证的尺寸，确保整齐美观；

其次填写原凭证封面各项目，并装订牢固，注意装订材料须符合档案长久保管的需要，勿用金属钉，以免日久天长对档案造成损害；

会计凭证可以按月立卷，如果行政村经济业务比较少，也可以一个季度一卷。整理人员应将各种记账凭证按时间和原始凭证号顺序组卷，每本为一卷。

（2）会计账簿的组卷方法

像现金日记账、银行存款账等固定账簿最好不要拆去原封装；

活页账可以拆去原封面和空白页，用“三孔一线”的方法将活页账簿装订；

会计账簿一般以自然形成的一本作为一卷。

会计账簿按年度立卷，在会计年度终结时进行。

（3）财务报告的组卷方法

财务报告一般按年度立卷；

立卷时要区分不同的保管期限，即年度报表与季度、月份报表分别组卷；

除去会生锈的金属物，整本折叠。

3. 排列

通常，会计档案的排列与分类保持一致，如采用类别（形式）——年度分类法，排列时须注意，在每个类别下分年度排列，年度内再按保管期限的长短排列。期限长的在前，期限短的在后。下面举例说明会计档案排列及案卷号的编制：

凭证类：

1990 年——1、2、3、4、5……

1991 年——1、2、3、4、5……

1992 年——1、2、3、4、5……

以此类推

账簿类：

1990 年——先排 25 年保管期限的账簿 1、2、3，续排 15 年的账簿 4、5、6、7……

1991 年——25 年保管期限的账簿 1、2、3、4 ，再排 15 年的账簿 5、6、7、8……

以此类推

财务报告类：

1990 年——永久保管的年报为 1，3 年的为 2、3。

1991 年——永久保管的年报为 1，3 年的为 2、3。

1992 年——永久保管的年报为 1，3 年的为 2、3。

以此类推

其他：

1990 年——永久保管的案卷为 1，15 年保管的案卷为 2、3，5 年保管的案卷为 4。

1991 年——永久保管的案卷为 1，15 年保管的案卷为 2、3，5 年保管的案卷为 4。

以此类推

4. 农村会计档案的编目

(1) 编制页号

①编制页号的基本原则是有文字的页面为一页。由于凭证已经编写了号码，可以不必重编；账簿、报表均须编写页码，空白的账簿不编页号，已编有页号的，则保持原貌。

②一般用钢笔在有文字页面正面的右上角、背面的左上角编写页号，页号以阿拉伯数字为宜，使用打号机也可。

(2) 会计封面的编制

会计档案封面的编制可以有两种方法：

第一种是在原凭证、账簿、报表封面的空白位置加盖档号章（格式见下表）

全宗号		类目号	
案卷号		保管期限	

填写方法：

①全宗号：档案馆给定本村的代号，如果没有代号，可空置不填。

②类目号：填写本村档案分类大纲中本类的代号，如

凭证——CK. 1. ××××

账簿——CK. 2. ××××

财务报告——CK. 3. ××××

其他——CK. 4. ××××

③案卷号：在末级类目内以卷为单位，采用阿拉伯数字编号。

④保管期限：一般分为 15 年、25 年、3 年、永久四种类型，会计凭证的保管期限为 15 年，会计账簿为 15 年或者 25 年，财务报告分为永久、3 年，其他类会计档案有的保管 15 年、有的则需永久保存。详见《行政村会计档案保管期限表》。

会计档案档号章填写范例：

全宗号		类目号	CK . 1. 2009
案卷号	5	保管期限	15 年

第二种是在印制凭证、账簿、报表封面时，除了会计项目外，同时附加档案的项目，格式见表，全宗号、类目号、案卷号的填写方法参考第一种。

（单位名称）

时间	年　月		
册数	本月共　　册　本册是第　　册		
张数	本册自第　　号至第　　号		
全宗号	类目号	案卷号	

会计主管　　　　装订人

（3）填写卷内备考表

会计档案的卷内备考表是一个完整案卷的重要组成部分，主要用以说明本卷文件的完整程度、残缺与修复情况、文件的可靠程度、利用限制说明等以及相关整理人签字，以示负责，并便于咨询。（格式如下表）

各个项目的填写方法是：

①卷内文件情况说明：填写该卷会计材料是否齐全、是否准确、有无损毁、残缺原因；哪些档案涉密，需要限制使用的范围；其他需要说明的情况。

②立卷人：填写经办会计的姓名。

③立卷时间：完成立卷的时间。

④审核人：财务负责人签字。

⑤审核时间：完成立卷审核的时间。

卷内备考表

卷内文件情况说明： 立卷人： 年　　月　　日 审核人： 年　　月　　日

（4）会计档案案卷目录的编制

会计档案经过组卷、排列、编号以后，均要登记造册，编制案卷目录，作为会计档案最基本的检索和统计工具。案卷目录的编制方法主要有两种：一是将会计凭证、账簿、报表统一编制一本会计档案案卷目录；二是根据分类方案分别编制会计凭证、会计账簿、会计报表目录，我们通常采用后一种方法。

农村会计档案案卷目录的项目包括档号、案卷标题、起止日期、卷内页数、保管期限、密级、备注等，填写方法是：

①档号：包括全宗号、类目号、案卷号，如1－CK.1.2005－1，代表1号全宗2005年会计凭证第1卷。

②案卷题名：登录每个案卷的标题，如果原案卷无标题或者标题不规范，需要重拟。会计档案案卷标题由三部分组成，即责任者（会计文件形成单位）、时间（会计材料针对的时间）、会计文件材料名称。

譬如：北京市密云县××村2005年1月份会计凭证；

北京市密云县××村2005年现金日记账。

③起止日期：填写该卷内最早的文件时间至最晚的文件时间，依然用八位阿拉伯数字表示，如20050101－20050131。

④卷内页数：卷内文件的总页数。

⑤保管期限：依据案卷封面的归档章填写。

⑥密级：需要保密的会计档案案卷必须在目录中填写密级。

⑦备注：案卷需要说明的事项。

会计凭证案卷目录范例：

2005年××村会计凭证案卷目录

档号	案卷题名	起止日期	卷内页数	保管期限	密级	备注
1－CK.1.2005－1	北京市密云县××村2005年1月份1－50号会计凭证	20050101－20050117	100	15年		

续表

档号	案卷题名	起止日期	卷内页数	保管期限	密级	备注
1－CK.1.2005－2	北京市密云县××村2005年1月份51－100号会计凭证	20050118－20050131	98	15年		
1－CK.1.2005－3	北京市密云县××村2005年2月份会计凭证	20050201－20050228	65	15年		
1－CK.1.2005－4	北京市密云县××村2005年3月份会计凭证	20050301－20050331	72	15年		
1－CK.1.2005－5	北京市密云县××村2005年4月份会计凭证	20050402－20050430	89	15年		

5. 农村会计档案的装盒

每年农村会计人员将上年度产生的会计凭证、账簿、报表等按照上述程序全部整理就绪后，最后一个步骤就是装盒上架。会计档案装盒时需要注意以下问题：

（1）会计档案须在分类方案的末级类目内按照卷号顺序装盒。

（2）不同类目的案卷不能装入同一盒，譬如如果分类方案中会计档案分为凭证、账簿、报表，这三类案卷最好不要混装在同一盒内；如果年度也进入分类层次，不同年度的案卷也不能装入同一盒。

(3) 盒子脊背上须标注该盒档案的类目号、起止卷号，以便于管理和检索。

卷盒脊背格式如下：

全宗号
类目号
CK.1
年 度
2005
起止卷号
1
3
类别
会
计
档
案

第四节　声像档案的整理与鉴定

一、声像档案的概念及作用

声像档案是指国家机构、社会组织以及个人从事政治、军事、经济、科学、技术、文化、宗教等活动中形成的对国家和社会有保存价值的照片（包括底片、反转片）、影片（正负片）唱片、录音带、录像带等不同材料为载体，以声像为主，并辅以文字说明的历史记录。

声像档案是农村档案的一个重要组成部分，它具有鲜明直观、形象真实的特点，能生动、具体地再现农业生产、村务管理、新农村建设、农村合作医疗各方面的工作成就，真实记录农村各个时期发展的历史面貌。声像档案与其他文字、图纸、实物档案一样，是农村重要的档案资料和宝贵财富。

声像档案以特有的图像画面，真实地记录和反映了农村改革发展过程中所经历的每个阶段和每个事件，使历史上的人物、事件穿越了时空限制，更加密切地联系起来，在一定的时间和条件下，能够为农业科学研究提供极为宝贵的参考资料。

声像档案同时还具有研究借鉴作用。声像档案中记载了人类同大自然作斗争积累下的宝贵经验和教训，展示了生产建设和科学研究的成果，可作为科学研究的借鉴。

就一个行政村而言，凡是反映本村基层建设、党支部活动、村务管理、农民文化活动、农业科技、农村综合治理、土地承包经营、新型合作化医疗体系等的照片、录音带、录像带等均应纳入本村档案管理体系。

农村声像档案一般按载体形式可分为照片、录音带、录像带、光盘等，结合农村档案工作实际需求，本节重点阐述照片、录音录像带的整理方法。

二、农村照片档案的整理

（一）照片档案的概念

照片档案是指各种社会组织及个人从事各种活动直接形成的有保存价值的，以感光材料为载体，影像为主要感光方式的集中保管起来的底片、照片和文字说明。

理解这一概念，需要把握三个要素，即：

照片的形成单位：国家单位、社会组织及个人。国家单位是产生照片档案的主要机构，包括国家单位所属的企业、事业单位；社会组织是指独立于国家单位之外的各种已依法登记的非官方组织；个人主要是指著名人物和家庭。

照片的载体形式：感光方式是非纸质的材料，也决定其特殊的保管方式。

照片档案的构成：照片档案由底片、照片、文字说明三部分组成，缺一不可。

（二）农村照片档案的收集范围

1. 反映本村各项活动如各类会议、领导视察、农业生产、重大事件、事故、文体活动等照片；

2. 领导人和著名人物视察或参与某村重大活动的照片；

3. 本村村委会历届领导照片；

4. 记录本村自然灾害及异常现象、地理、古迹以及自然风光和民间风俗的照片档案；

5. 与其他载体档案有密切联系的照片，如奖状、奖旗、证书、奖杯、奖牌等实体拍成的照片；

6. 其他有保存价值的照片。

确定照片档案的收集范围时，一定要注意甄别，选择最有保存和查考价值的照片整理归档。因为一般摄影者为了确保影像清晰、主体突出，可能对同一场景从不同角度同时摄取多张照片，整理归档时注意要选择主题明确、图像清晰的照片，同一事件的照片一般选取 3 至 5 张，特别重要事件也可以多保存几张。比如一项典礼活动，可以选择会标、主要仪式、主要人物讲话、整体会场（活动）等场景归档。

（三）照片档案的整理要求

照片与底片应同时归档，归档的照片与底片影像一致；

数码照片的采集使用JPEG、TIFF格式；

归档的数码照片应是原始版，不能进行技术修改；

数码照片的归档保存选用只读光盘作为载体。原则上归档两套，一套供查阅利用，一套封存保管。

（四）照片档案的整理步骤

照片档案一般先分底片和正片（照片），再分别按照底片与照片的不同特性进行整理。

1. 底片的整理方法

根据“照片档案的底片、照片应分开存放”的整理原则，整理归档时，一般将照片与底片分别装入特制的照片册和底片册中。多数农村档案室所保存的底片数量不大，一般按照年代的不同即按照片产生的不同历史时期分类，彩色照片的底片和黑白照片的底片也应分开。

底片档案号由全宗号、类目号、案卷号、底片编号构成。

如 89—SX. 1—5—10。它代表第 89 号全宗声像档案第一类照片档案第 5 卷第 10 张底片。这里 SX. 1 代表声像档案第一类照片档案。

底片的全宗号、类目号依据分类方案编制。

案卷号的编制，由于农村保管的底片不是很多，故照片档案下不再划分三级类目，只是组卷时，将底片、照片分别组卷，但统一编制案卷号。譬如第 5 卷是底片，但 1—4 卷可能都是照片。

底片编号就是在一个案卷中，按照接收底片的先后顺序，用阿拉伯数字依次给每张底片编制的号码。底片号可以用铁笔刻写在乳剂面的右上角，也可采用其他方式将底片号附着在底片乳剂面边上，但不能污染胶片。同时由于底片是装袋保管的，因而在纸袋外面的右上角，也要标明底片号。

2. 照片的整理

（1）照片档案的分类与组卷

照片分类的基本要求，是根据照片反映的事件的发展规律和照片数量多少，按其内容、时间进行分类，以保持它们之间的有机联系，并给每张照片附上文字说明，使照片井然有序、内容明确、形象鲜明，便于利用。

如上所述，照片档案下不再划分三级类目，所以所谓照片的分类就是组卷时的分类。每年形成照片不多的行政村可以按照年度——问题，即将同一年度形成的照片组为一卷，在年度中再将同一问题的照片集中排列。形成照片数量较多的农村，也可以采用问题——年代分类法，如可以将所有照片分为农业生产、基层建设、计划生育、文教卫生等几个专题，每个专题的照片组为一卷或几卷。

（2）照片档案的排列

卷内照片的排列，一般是先排组，后排张。一组照片是指关系密切、反映一个工程、一项活动的若干张照片，一个案卷内一组照片应集中排列，组与组之间按照形成时间的先后顺序排列。一组内往往有数张，它们可以依据重要程度结合时间顺序排列。譬如，一次大型庆典活动，一般先排大会会场全景、其次排主席台及领导人讲话或发言、再排群众场面照片。

（3）照片编目

将照片分类组卷后，要填写文字说明、编制目录。

①编制照片说明

根据GB/T11821—2002《照片档案管理规范》，照片档案一般包括底片、照片和说明三部分，其中，说明是非常重要的一部分内容。因为照片影像上所反映的只是事件的一个或几个片段，它所反映的事实具有一定的局限性，需要有说明加以补充。没有文字说明，将会严重影响照片档案作用的发挥。照片档案的说明一般包括照片号、底片号、参见号、时间、摄影者、文字说明等六个要素。文字说明包括：时间、事由、地点、人物、背景等内容。

◆ 照片号：即每张照片在所属照片册中的编号，可以采用大流水、小流水两种编制方法。大流水是整册照片从 1 开始，不重、不空、不漏，编到最后一张；小流水是先编制组号，每组照片再编一个顺序号。如一册中放置了 6 组，第一组有 5 张，那么第一组照片的号码依次是 1（1）、1（2）、1（3）、1（4）、1（5）；第二组照片的号码为 2（1）、2（2）……。实际工作中也有人将其标识为 5－1、5—2、5—3 或 5.1、5.2、5.3，我们认为这两种标识方法都不大妥当。因为《档号编制规则》中规定，档号连写时，上、下位代码之间用“—”（短横）相隔；不同级位的类别之间用间隔号“.”分开，上述两种照片号的标识方法，容易与一组档号连写时的标识方法混淆，因而不宜采用。

照片号不仅应填写在相应位置，还需在每张照片的背面注明其档号，即全宗号—类目号—案卷号—张号，如 89—SX.1—2—1（5），以便于提供利用时，管理人员能够准确地将照片提取与归位。

◆ 底片号：该张照片所对应的底片的编号，如 89—SX.1—5—5。如果该张照片底片未归档，该项目空置不填。

◆ 参见号：它是与本组（张）照片有联系的其他类档案的档号，填写参见号是为了开展专题性服务时准确快捷地查找到相关文件。如某项工程开工典礼活动照片，其对应的文件材料属于科技档案的基建类的，参见号应为：89—KJ.2.2—3。需要强调的是，参见号必须是一系列代号，才能准确反映某份文件的准确位置。一组会议照片，其对应的文字材料属于文书档案村务管理类第 25 卷，假定其所属全宗号为 89，文书档案村务管理类的类目代号为 WS.1，会议卷的档号就是“89—WS.1—25”，亦即这组会议照片的参见号。

◆ 时间：指照片的拍摄时间，一般用八位阿拉伯数字表示，1—

4 位表示年度，5—6 位表示月份，7—8 位表示日期。如 2009 年 5 月 21 日可写作 20090521。

◆ 摄影者：照片的拍摄人，必要时可加写拍摄单位。

◆ 文字说明：须综合运用事由、事件发生的时间、地点、人物、背景等要素，概括揭示照片影像所反映的全部信息。

时间：事件发生或变化的时间；

事由：照片影像所反映的事件情由；

地点：照片中事件发生的地点；

人物：照片上的主要人物的姓名、身份，照片影像上的主要人物，除表明其姓名、身份外，还须标明主要人物在照片上的位置，如×××县县长×××（前排右二）；

背景：指对照片影像主题具有一定作用的背景，如“1984 年 10 月 1 日，参加 35 周年国庆游行的大学生通过天安门时，队伍中突然展开‘小平，您好’的横幅，表达了亿万人民的心声”，这张照片的文字说明中“35 周年国庆游行”即为时代背景。其他需要说明的事项也可在此栏中表述，如照片的版权、来源等。

照片一般以自然张为单位编写说明。如果归档的是一组照片，可以在每组照片前填总说明，并为该组每张照片附加简要说明。

分说明是以每一组照片中的自然张为单元编写的简要说明，可以用表格式进行填写。一般格式是：

照片档案说明的格式：

照片号/底片号：	拍摄时间：
文字说明：	
参见号	摄影者

②编目

照片分类后，按类别装（贴）入专用照片专用簿（册），然后填写卷内目录和案卷目录。

卷内目录：照片既可以自然张为单位抄写卷内目录，也可以组为单位填写卷内目录。其格式为：

照片档案卷内目录

照片号	题名	拍摄时间	备注

卷内目录的填写方法：

照片号：一册中每组（张）照片的顺序号，也可以表示出该组照片的起止张号，如 3（1）—3（5）。

照片题名：应简明、准确地反映照片的基本内容。一般是将一组照片的总说明概括成简要的照片题名，包括时间、地点、主要人物、基本事由等项目。

拍摄时间：按照照片上标识的号码填写。

备注：照片需要说明的情况。

案卷目录的编制：

照片整理立卷后，应按照一定的规则排列、编号、编制目录。如果一年形成的照片不多，仅有一卷，则不存在排列问题；如果某些农村一年形成几卷，可以按照专题结合时间顺序排列，并编制案卷号，登记案卷目录。

案卷目录填写范例：

照片档案案卷目录

案卷号	案卷题目	起止年月	卷内张数	保管期限	备注
1	朝阳县××村 2003～2004 年召开的各类会议的照片	2003.1～2004.10	68	长期	
2	朝阳县××村 2005 年各项工作活动照片	2005.1～2005.12	59	长期	

三、录音录像档案的整理

（一）录音录像档案的整理要求：归档的声像档案应在相应设备上演示或检测，做到图像清晰、声音清楚，载体材料不磨损、划伤，无病毒，确保文件的完整性和内容的准确性。

（二）录音录像档案的分类与编号

1. 分类

录音、录像档案由于载体形式不同、规格不同，整理时最好不要混排。这两类档案应分别排列、编号、编目。一般行政村录音、录像数量不大，所以暂时可以不再继续分类。如果数量较多，可以按照专题或年代分类。

2. 编号

录音带、录像带、光盘等载体类的声像档案以盒、张为组卷单位整理，一盒（张）编一个档号，同类按时间顺序编一个流水号。其档案号编制方法如下：

全宗号—类目号—案卷号

如：89—SX.2—35，代表某行政村声像档案第2类亦即录音档案的第35盒带；89—SX.3—5，代表某行政村声像档案第3类亦即录像档案的第5盘带。

3. 文字说明

录音、录像档案虽然形象生动，但是声音、录像必须借助必要的设备才能利用，不具有直观性，所以为了保管和利用的方便，整理人员应对其作文字说明。

文字说明包括放录时间（多少分钟）、形成时间、内容简介（也称题名）、摄录人员等。文字说明和档号可以填写在卡片上，放入录音、录像带盒内，盒背上应标明题名和档号，便于检索。

录音、录像带背脊格式如下：

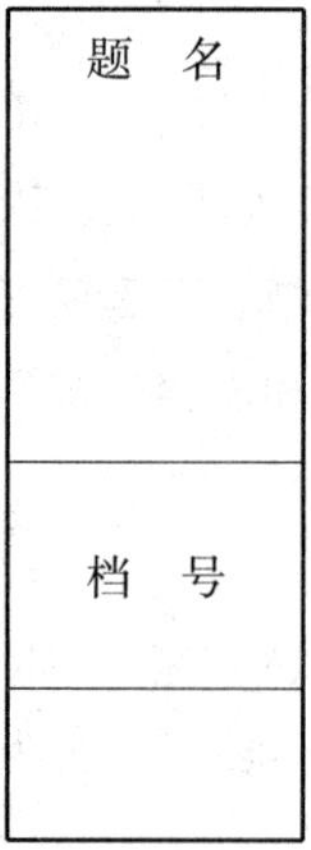

4. 编制案卷目录

录音录像带以一盒（张）为一卷，填写或用计算机打印案卷目录表，装订成册。

案卷目录表包括档号、摄录时间、题名、摄录人、节目时间、保管期限、备注等项目，填写方法是：

档号：将全宗号、类目号、案卷号填写齐全；

摄录时间：以八位阿拉伯数字表示，如 20080206；

节目时间：指该内容录音或录像时间长短，单位用分钟表示；

如果一个主题内容由多盒录音、录像带构成，可以在题名中注明该盒的顺序号；

保管期限：根据本村各类档案归档范围与保管期限表划定的该录音带或录像带应该保存的时间；

备注：填写需要另外说明的事项。

声像档案案卷目录范例：

档号	摄录时间	题　　名	摄录人	节目时间	保管期限	备注
89－SX. 2－1	20080206	××村 2008 年村民委员会换届选举大会（一）	×××	60	永久	
89－SX. 2－2	20080206	××村 2008 年村民委员会换届选举大会（二）	×××	40	永久	

第五章　农村档案的鉴定、保管、统计

第一节　农村档案的鉴定

一、农村档案的鉴定

（一）农村档案鉴定工作的含义和内容

农村档案管理人员及相关人员，根据国家关于文书档案保管期限表的规定，划定档案保管期限，并定期对期限已满的档案进行甄别，判定其档案价值和存毁的工作，即为档案鉴定工作。

农村档案鉴定工作一般包括两项内容，一是确定哪些档案应该归档保存以及保存多长时间；二是对于保管期限已满的档案，进行价值判断，鉴别哪些仍有查考价值，需要继续留存，哪些档案不应当保存，应当剔除销毁。鉴定的准备和组织也属于农村档案鉴定工作的内容。

（二）档案鉴定工作的原则和要求

档案鉴定工作的原则是：以党和国家的当下需要和长远需求为出发点，坚持辩证唯物主义和历史唯物主义，用全面的、历史的、发展的观点，分析判断档案的现实价值和历史价值。

1. 坚持全面的观点：综合各方面因素考察档案价值，既要分析它的现实价值，又要分析它的历史价值；既要考虑它的实用价值，又要考虑它的学术价值；既要看文件对本村的价值，又要看它对国家和社会是否有价值，要多纬度衡量档案的价值。

2. 坚持历史的观点：考察档案价值时，不能脱离档案所产生的时代背景。档案是在过去的生产、建设、科研活动中形成的，是某一历史时期或历史事件的产物，不能以现行的是非观来判断其价值，而应用历史主义的观点正确地判断其价值。

3. 坚持发展的观点：判定档案价值时既要考虑当前利益，也要顾及长远利益，要兼顾和预测将来的利用需求。社会是发展的，社会对档案的需要也不是一成不变的，有些档案，现在也许利用价值不大，但将来可能发挥重要作用，要以发展的眼光判定档案的价值。

档案价值鉴定工作是一项严肃而慎重的工作，不能仅由档案人员一人决定档案的存留与销毁，各农村应在本村负责人的领导下，成立由有关人员和档案工作人员组成的鉴定小组，有组织有领导地开展此项工作。

（三）档案鉴定工作的方法

1. 直接鉴定法

直接鉴定法是鉴定档案价值的基本方法，是通过对档案的直接审查，判定档案的价值。鉴定人员须根据鉴定原则，参照《档案保管期限表》，按照档案的内容与成分等实际情况判定其价值，不能仅根据案卷目录或文件目录草率从事。案卷目录或文件目录都是过去的档案人员或文书处理人员编制的，他们在对档案信息进行提炼和加工过程中，难免受主观因素的影响有所取舍，而这种取舍未必是科学合理的，且目录提供的信息也是有限的，所以，鉴定档案价值时，必须直接查看档案原件，仔细分析其内容、稿本、载体等特征，做出价值判断。

2. 以案卷为单位进行鉴定

档案鉴定工作一般以卷为单位进行，如果同一案卷中文件材料的价值不同，应视具体情况妥善处理：

文件之间的联系密切，以其中最重要的文件的价值来确定案卷的保管期限，不论最重要文件在案卷中所占的比例如何；在重要的案卷中有个别文件确无继续保存的价值的，可以取出销毁，并在卷内目录“备注”栏或备考表中注明；也可以不取出，维持案卷的完整；如果应销毁的案卷中有个别应继续留存，应取出另行整理，其他文件销毁。

（四）档案的销毁

1. 编制档案销毁清册

档案销毁清册是日后查考档案销毁情况的凭据。档案人员应将准备销毁的档案登记造册并报请领导批准后，才能销毁。

档案销毁清册由封面、档案销毁登记表和封底构成。

档案销毁清册封面由销毁清册名称、档案所属全宗号、类目号、销毁档案数量、批准人、监销人、时间等项目构成，如：

档案销毁清册

本清册共销毁档案　　卷　　件

所属全宗号：　　　类目号：

鉴定小组负责人（签字）：　　　　　　　年　　月　　日

批准人（签字）：　　　　　　　　　　　年　　月　　日

监销人甲（签字）：

监销人乙（签字）：　　　销毁日期：　　年　　月　　日

销毁档案登记表由序号、档号、案卷或文件题名、年度、卷内文件页（件）数、原保管期限、销毁原因、备注等栏目构成。例如：

销毁档案登记表

序号	档号	题　　名	年度	页数	原保管期限	销毁原因	备注

填写销毁清册时，登记单位可以是卷，也可以是件。准备成卷销毁的档案，以案卷为单位登记；一卷中有文件销毁，有文件须继续留存，可以将应销毁的文件单份登记。

各项目的填写方法：

序号：按照登记的顺序编号；

档号：填写应销毁档案的全宗号——类目号——案卷号——件号；

题名：登录应销毁案卷或文件的题名，填写题名时，应注意与原案卷或文件题名相符，如果原题名含义模糊、指代不清，不能说明文件的来源、内容和形式特征，应当重新拟写题名，便于领导审核；

年度：填写案卷或文件的所属年度；

页（件）数：填卷内文件具体的页（件）数；

原保管期限：填写案卷或文件原有的保管期限；

销毁原因：据实填写，如“无继续保管价值”、“保管期满”、“重份文件”等。

备注：一般不填写，有需要说明事项时才填写。

准备销毁的档案应全部登记于档案销毁清册上，加上封面和封底，装订成册。

2. 撰写档案销毁报告

档案人员将档案销毁清册报请领导审批时，还须同时呈报一份销毁档案的书面报告。

销毁档案报告的内容包括：

（1）立档单位和全宗简要说明。应写明立档单位成立的时间，内部机构、工作职能以及撤销、合并等简要历史情况，全宗内档案的类型、完整程度等。

（2）鉴定工作的组织及其工作情况。本次鉴定工作的负责人及人员构成，工作时间，鉴定档案的门类、数量等。

（3）应销毁档案的情况。简要介绍档案所属年代、数量、档案的主要内容、名称、形成单位、鉴定情况、销毁理由等。

3. 报批

鉴定小组将销毁档案报告和清册送本单位主管领导审批。

4. 实施销毁

经过鉴定，确应销毁的档案，由鉴定小组编制档案销毁清册，提出销毁报告，报经本单位领导人批准后才能销毁。未经批准，任何单位和个人不得销毁档案。

需要销毁的档案，一般送造纸厂作原料。远离工厂的档案室销毁少量或机密性的档案，可以自行焚毁。严禁将应销毁档案卖给废旧物资收购单位或个人，以防泄密。

销毁档案实行双人监销制度。销毁档案，须派两名以上的人员监销。销毁前，监销人应依据销毁清册检查核对，确认准确无误后方可销毁。销毁后，监销人员须在销毁清册上签字，注明销毁日期，以示负责。

（五）档案鉴定的后处理工作

档案销毁工作结束后，应将销毁清册交档案库房管理人员，归入被销毁档案所属全宗的全宗卷内。

档案人员应及时做好档案整理、检索工具调整等处理工作。如有些案卷个别文件已抽出销毁，需要对该卷进行整理装订，注销卷内目录的相关条目；有些案卷多数文件销毁，只有个别文件留存，可将几份留存文件重新组为一卷，编制案卷封面、卷内目录和备考表，并添加到所属案卷目录的相应位置。整卷已销毁的，需要在案卷目录的相关条目中注销。

（六）档案鉴定工作报告

鉴定报告是对档案鉴定工作的全面性总结报告，其基本内容、撰写方法，与鉴定销毁报告基本一致，但必须写出鉴定的结果，如判定各种保管期限的依据，各保管期限案卷的数量及所占比例，销毁档案的数量、销毁办法，以及在鉴定工作中对档案的局部加工整理和收集补充遗缺文件情况。

二、农村科技档案的鉴定

（一）农村科技档案鉴定工作的内容

农村科技档案主要有基本建设和科学研究两类档案，对于它们的鉴定是通过两个过程进行的。

第一个过程是在归档的时候实现的。这两类活动（项目与课题）结束并进行各类文件材料的归档时，由相关的专业人员对所有即将归档的文件材料进行一次材料鉴别及价值鉴定。

(1) 完整性鉴别，一套文件材料应该能够完整反映该项目活动的全部内容与过程，既有原始依据性材料，也应有过程性及结果性材料。完整性鉴别就是指在文件材料归档前，首先应鉴别其是否已按照工程项目与课题收集齐全并做到完整成套。一套文件材料内，不应缺少主要工作项目及程序材料，一份文件材料不能有缺页情况。

（2）准确性鉴别是保证档案真实性的基础。它是甄别归档的材料与它所记载项目的内容与过程是否一致，同时文件材料相互之间在内容上是否一致。

（3）价值鉴定，其主要工作是鉴别文件材料有无保存价值，确定取舍，剔除无保存价值的文件材料，对需要保存的文件材料鉴别其价值的大小并确定保管期限，同时应确定其机密等级。

第二个过程是在管理工作中实现的，是对已过保管期限的档案重新进行审查，并把失去利用价值的档案剔除销毁。

（二）农村科技档案鉴定工作的方法与程序

农村基本建设、科学研究档案的鉴定可以参照本节第一个问题——农村档案的鉴定执行。

三、会计档案的鉴定与销毁

（一）农村会计档案的鉴定工作

1998年国家财政部、国家档案局联合颁发的《会计档案管理办法》第二条规定“国家单位、社会团体、企业事业单位，按规定应当建账的个体工商户和其他组织，应当依照本办法管理会计档案”。该《办法》同样适用于行政村会计档案。

农村会计档案的鉴定，主要包括两项工作，一是财务人员根据国家规定和本村工作实际，制定《会计档案保管期限表》，作为日常整理确定案卷保管期限的依据；二是对于保管期限已满的会计档案，进行审核，确定是否继续存留或者销毁。

会计档案保管期限的界定。《会计档案管理办法》中关于保管期限，后附了两个文件，一是企业和其他组织会计档案保管期限表，二是财政总预算、行政单位、事业单位和税收会计档案保管期限表。行政村会计档案管理应当执行第一个附表。

企业和其他组织会计档案保管期限表

序号	档案名称	保管期限	备　注
一	会计凭证类		
1	原始凭证	15年	
2	记账凭证	15年	
3	汇总凭证	15年	
二	会计账簿类		
4	总账	15年	包括日记账
5	明细账	15年	
6	日记账	15年	现金和银行存款日记账保管25年
7	固定资产卡片		固定资产报废清理后保管5年
8	辅助账簿	15年	
三	财务报告类		包括各级主管部门汇总财务报告
9	月、季度财务报告	3年	包括文字分析
10	年度财务报告（决算）	永久	包括文字分析
四	其他类		
11	会计移交清册	15年	
12	会计档案保管清册	永久	
13	会计档案销毁清册	永久	
14	银行余额调节表	5年	
15	银行对账单	5年	

（二）农村会计档案的销毁

会计档案的销毁是一项非常严肃的工作，《会计法》第二十三条规定，会计档案的销毁办法由国务院财政部门会同有关部门制定。

《会计档案管理办法》第十一条规定："保管期满但未结清的债权债务原始凭证和涉及其他未了事项的原始凭证，不得销毁，应当单独抽出立卷，保管到未了事项完结时为止。单独抽出立卷的会计档案，应当在会计档案销毁清册和会计档案保管清册中列明。正在项目建设期间的建设单位，其保管期满的会计档案不得销毁。"

农村会计档案保管期满需要销毁的，可以按照规定程序予以销毁。销毁的基本程序和要求是：

1. 编造会计档案销毁清册。会计档案保管期满需要销毁的，由本村档案人员提出意见，会同财务会计人员共同进行审查和鉴定，并在此基础上编制会计档案销毁清册。

会计档案销毁清册是销毁会计档案的记录和报批文件，一般应包括：档号、会计档案题名、起止日期、应保管期限、已保管期限、销毁日期等。村委会负责人应当在会计档案销毁清册上签署意见。

下面为农村会计档案审批表及销毁清册格式：

会计档案销毁清册审批表

经鉴定后，清出无保存价值的会计凭证：　　　卷（册）

　　　　　　　　　　　　　　会计账簿：　　　卷（册）

　　　　　　　　　　　　　　会计报表：　　　卷（册）

　　　　　　　　　　　　　　其 他 类：　　　卷（册）

共计：　　卷（册），具体内容见清册第　页至第　页，应予以销毁，请审批。

经　　办　　人：（签名）　　　年　月　日

鉴定领导小组负责人：（签名）　　　年　月　日

单　位　负　责　人：（签名）　　　年　月　日

监　　销　　人：（签名）　　　年　月　日

会计档案销毁清册

档号	题　　名	起止年度	应保管期限	已保管年限	销毁原因	备注

2. 专人负责监销。销毁会计档案时，应由本村的档案人员和会计人员共同监销。监销人在销毁会计档案前应当按照会计档案销毁清册所列内容，清点核对所要销毁的会计档案；销毁后，监销人应当在会计档案销毁清册上签字，并将监销情况报告本村负责人。

3. 农村会计档案鉴定销毁后的处置工作。根据《会计档案管理办法》的规定，鉴定到期会计档案是否销毁，需要注意，虽然保管期满但债权债务尚未结清的原始凭证和涉及其他未了事项的原始凭证，不得销毁，而应当单独抽出立卷，保管到未了事项完毕时为止。单独抽出立卷的会计档案，应当在会计档案销毁清册和会计档案保管清册上标注。已经销毁的会计档案，也须在相应的案卷目录上注明“已销毁”。

四、声像档案的鉴定

目前，我国农村声像档案形成的数量相当有限，多数农村多则几十张、少则几张，几乎难以支撑起这个门类，有的行政村甚至还没有真正起步，所以，对照片档案、录音、录像档案的鉴定，本书重点阐述保管期限的确定，对于到期声像档案的鉴定不涉及。

关于声像档案的保管期限国家尚未出台专门规定，只是在文书、科技等门类文件材料归档范围中偶尔涉及，譬如在重大建设项目文件材料归档范围和保管期限表中有“工程照片，永久保管”，所以确定声像档案保管期限的原则是，同一活动中形成的照片、录音、录像带，与其对应的文书档案、科技档案等保管期限保持一致。由于声像档案在归档整理时，已经进行了筛选和甄别，所以建议保管期限划为永久或长期较为妥当。

第二节　农村档案的保管

一、农村档案保管工作的内容

农村档案保管工作是指根据档案的形成材料和保管状况，采取专门的技术措施，最大限度地防止和减少档案的损毁，延长档案的寿命，维护档案的实体安全和信息安全的行为过程。

档案保管工作是农村档案管理的重要组成部分，是贯彻国家档案工作基本原则、维护档案完整和安全的重要手段。做好档案保管工作，提高农村档案管理水平是每个农村一项重要的日常任务。

通常情况下，档案保管主要包括以下三个内容：保管档案的物质条件、档案库房的日常管理和档案安全保护。就农村而言，前两项工作更为现实可行，第三项——档案安全保护措施，指的是为延长档案的寿命而采取的诸如复制和修补等各种专门的技术处理，属于技术要求比较高的工作，农村一般不具备开展此项工作的硬件设施和人员储备，本书从略。

二、农村档案保管的物质条件

档案的安全保管，受到诸如人员、自然环境、硬件设施、载体材料等多方面因素的制约，其中，物质技术条件是否符合档案长久保管的需要是首要因素。严格意义上的档案保管条件，包括建立符合国家标准的独立档案馆、库内配备温湿度自动控制系统、消防设施等。鉴于我国农村经济发展不平衡，多数行政村档案保管条件简陋，难以达到上述标准，本节仅讲述能够满足农村档案工作需要的物质条件。

（一）档案库房

档案库房是存放档案的处所，也是保护档案最基本的物质条件，库房的质量对档案保管效果具有决定性作用。各农村应根据档案、资料的数量、结构情况，为档案室选择适宜的库房。库房要远离污染源，如锅炉房、化验室、有害车间、燃料库等，以防二氧化碳、灰尘等有害物质和高温、易燃、易爆物的影响和威胁。库房要坚固耐用，最好能够具备抗震、防潮、防高温、防光、防虫、防火等性能。如果普通办公用房充作档案库房，门窗要额外加固，并做到档案库与档案人员的办公室分离。

（二）档案柜架与装具

档案柜架是档案保管必需的设施设备。从档案安全的角度考虑，农村的自然环境具有更多不利的因素，如滋生虫鼠、房屋密封不够严实、夏季潮湿、冬季寒冷又无降温采暖设施等，这些问题对农村档案柜架提出了更高的要求，因而，农村档案库一般应采用防火、防鼠性能好的金属柜架，譬如五节铁皮柜，有条件的农村也可以安装密集架，最好不要使用木质柜。

档案包装材料。档案经过整理并加以外包装，可以防止灰尘、紫外线的危害，也可以减少自然损耗。目前，我国通用的档案外包装材料有卷皮、卷盒。卷皮是档案最基本的包装材料，它是第一保护层；卷盒除了防护作用外，还便于档案上架保管与利用。农村档案管理部门或人员在购置或定做档案卷皮卷盒时，应执行《文书档案案卷格式》（GB9705—88）、《科学技术档案案卷构成的一般要求》（GB/T11822—89）国家标准，规范档案装具材料。会计、声像等专门档案的装具，国家尚未出台统一标准，可以参照地方档案管理部门的规定办理。

（三）档案的七防措施

为了确保档案的安全保管，库房需要配备防火、防潮、防高温、防光、防尘、防虫鼠、防盗设施。

1. 防火。农村档案防护工作中的首要任务是防火。档案管理人员应在消防专业部门的指导下为库房配备二氧化碳灭火器、四氯化碳灭火器、干粉灭火器，消防栓等消防器材。要建立严格的检查制度，定期检查消防器材是否有效，确保危急时刻能够发挥应急作用。

2. 防潮防高温。空气的温度和湿度能直接影响档案纸张和字迹的耐久性。国家曾专门出台了相关标准，对库房温湿度予以规定。库内温度应保持在 14～24℃之间，相对湿度 45％～60％较为适宜。如果湿度过低，纸张内原有的水分就会蒸发，纸张就会变脆、发黄，耐折度降低；湿度过大、一些档案会褪色、字迹模糊，发霉变质、粘连，最终可能变为纸砖。为了保持适宜的温湿度，库房应该配备温湿度测控设备和调节设备，如干温球计、温湿度自动记录仪、除湿机等。如果不具备上述条件，也可采用简易的处理办法，如定期开窗通风；库内湿度过高时可在库内墙角处摆放少量的石灰、木炭等防潮；过于干燥时，可以拖地、放置水盆等办法增加湿度。

3. 防光。太阳光中的紫外线如果直射档案，将对纸张纤维产生很大的破坏力，降低纸张强度，纸张变脆易损，字迹也容易褪色模糊。为了防止光线对档案的损害，农村档案库房须安装防紫外线窗帘；还须对库房灯光加以控制，库内人工照明最好采用白炽灯，尽量避免使用日光灯；无人时不开灯，减少光线的照射。

4. 防尘。空气中的灰尘可能对档案纸张纤维造成磨损和破坏，使档案字迹线条模糊不清。有的灰尘含有酸性或碱性物质，对档案可能产生较强的腐蚀作用，所以做好防尘工作也很重要。可以在库房周围种树栽草，库房门窗要密封，库内也要保持清洁，打扫卫生时可采用除尘设备（如吸尘器等），减少灰尘对档案的损害。

5. 防虫鼠。有害昆虫、老鼠对档案危害很大，须加以防治。库房应保持清洁严密，少有缝隙，使有害昆虫无藏身之地。库房墙壁应坚固平滑，使老鼠不能打洞攀登。库内严禁堆放粮食和食品，以免滋生虫害。每年的春末夏初，农村档案管理人员应更新库房防虫鼠药品，防止档案被虫蛀鼠咬。

6. 防盗。农村档案库房应该安装质量上乘的防盗门窗，保障档案的安全。

三、档案的库房管理

库房管理主要内容包括库房编号、柜架的排列与编号、案卷的排架等。

农村档案数量不多，多为一间库房，无须编号。

（一）档案柜架的排放与编号

库内档案柜架的排放，一般应遵循三个原则：

1. 柜架排列应横竖成行，整齐美观，保持库内空气流通，便于档案的提调与运送。

2. 柜架应垂直于有窗户的墙面排列，避免自然光对档案的直射。

3. 柜架应与墙壁保持 10 厘米以上的距离。行距一般不应小于 80 厘米，主要通道不小于 150 厘米。

为了加强对库内档案的管理，便于管理人员迅速准确地调档与归位，应对档案柜架统一编号。编号办法是：从门口起，自左至右按套编制柜号，每一套再自上而下编制节号。以五节柜为例，第一套柜子的编号是1（1）、1（2）、1（3）、1（4）、1（5），第二套柜子的编号是2（1）、2（2）、2（3）、2（4）、2（5）……

（二）档案的入库与排架

1. 档案的入库

档案入库应符合下列要求：档案入库前要除尘，进行安全检查，有条件的农村，可以运用消毒柜对档案进行消毒，消除损毁档案的隐患。

2. 档案的排架

（1）档案必须分类排列。同一全宗的档案可以按照分类大纲一级类目的顺序排列上架，同一类档案应集中排放。

（2）大类之间应留有一定数量的空柜，以免频繁地倒架。留空柜架的多少，应视各类别档案数量的增长速度酌情而定。

（3）案卷在柜架上的排放，以先左后右，先上后下为序。

（4）案卷上架一般采用竖放的方式，标有档号的卷脊或盒脊朝外，方便存放和提取。

3. 档案柜架贴标签

案卷排列上架后，农村档案管理人员应在柜架外部贴上标签，表明该柜内所存放案卷的档号或相关内容，使档案存放位置一目了然。

标签项目包括柜架号、全宗号、类目号、起止卷号（采用文件级整理的应填写起止件号），文书、财会等档案还应标识所属年度。

标签的制作与粘贴以醒目美观为原则，可用不干胶或口取纸，要求填写内容清晰、字体工整、位置统一。

4. 档案存放位置索引

农村档案管理人员还须编制档案存放位置索引，以熟练掌握档案的存放情况。

档案存放位置索引，顾名思义，就是档案及其存放位置对应图，一般由两部分构成，即档案编号、存放地点。农村档案存放位置索引格式：

档　案			存放地点	
类目代号	类目名称	起止案卷号（件号）	柜号	节号

如果某些农村保管有两个以上的全宗，编制档案存放位置索引时，可在上表档案项中增加全宗号的项目。

（三）特殊载体材料的保管与防护

农村档案室往往保存一定量的声像档案，对于这些特殊载体材料档案，还需采取特别的保护措施。如保存有信息的磁带要避开强磁环境；避免人手直接触摸磁带的记录面；录音、录像带要定期复查，如果磁带长期不用，一般应6～12个月检查并重绕一次，发现问题应及时转录；对重要的磁带，应备有母带保存，另备复制带提供利用。

四、档案的安全检查

一般情况下，农村档案部门每年应对档案的保管状况进行一次全面检查，找出薄弱环节。遇有特殊情况或发生意外事件，应随时进行检查，填写检查记录，以备查考。

检查项目一般有三个方面：一是检查档案实体的安全状况，包括档案是否出现虫蛀、鼠咬、被盗、破损、字迹褪色扩散等情况；二是检查案卷是否有错位现象；三是检查库内安全设施是否齐备有效。

档案安全检查记录表

检查日期		检查人	
检查项目及发现问题			
建议或整改措施			

五、全宗卷

（一）全宗卷的含义

全宗卷是档案馆或档案室在管理某一全宗过程中形成的，以全宗为单位，由说明全宗历史情况的有关材料组成的专门案卷。建立全宗卷的目的是为了使档案人员了解全宗内档案的变化经过和档案管理工作的历史面貌，为对全宗内档案的整理、鉴定、保管、统计和开发利用工作提供重要依据和信息。全宗卷是保持档案管理工作连续性必不可少的一种工具。

（二）全宗卷的内容

全宗卷的内容是农村档案管理人员在管理全宗档案过程中积累和建立起来的，具体包括：

收集工作中形成的移交文据、移交目录；

整理工作中形成的全宗整理工作方案，分类方案、整理方法说明、档案整理工作小结；

档案鉴定工作中形成的鉴定小组成员名单、档案保管期限表、鉴定报告、销毁档案的请示与批复、销毁档案清册等；

档案保管工作中形成的档案安全检查记录，档案的抢救与修复情况报告等；

档案统计工作中形成的档案总登记簿等；

档案利用中形成的全宗介绍，开放利用和控制使用范围说明，档案产生社会效益或经济效益的典型事例等。

档案管理新技术的应用方面形成的计算机辅助管理等情况的文字说明材料。

（三）全宗卷的整理

农村档案部门应逐步建立全宗卷，并不断地补充反映全宗历史的各种材料。

全宗卷的文件材料是不断积累的，具有动态性特征，不宜采用整卷装订的方式，装具最好采用档案盒或档案袋，盒内材料以件为单位进行装订，并在每份文件的首页加盖档号章，按序编号，每个盒内需编制卷内文件目录和备考表。

建立全宗卷时须注意，有些农村档案部门，平时没有形成或积累档案安全检查记录、鉴定报告、交接凭证和档案销毁清册等材料，为了应对上级单位的检查与考核，采取临时回忆、追记编写的方法补充填写各种表格。这种建立全宗卷的做法，既违反了档案形成规律，又违背了建立全宗卷的初衷，是实际工作中应当避免的。

第三节　农村档案的统计

一、农村档案统计工作的含义和内容

农村档案统计工作是用数字或图表的形式记录和反映收集、整理、鉴定、检索、利用等情况的一项业务活动，贯穿着档案管理的整个流程。它不是一项独立的业务活动，往往与其他环节同时进行。

农村档案统计工作包括登记和统计两个部分。登记是统计的原

始记录，统计是以原始记录为基础经过分析、比较的记录形式。主要包含三项内容：

一是对农村档案实体及其管理状况的统计，如档案数量及构成的统计，档案移交情况的统计，档案鉴定销毁、档案利用情况的统计等。

二是专业系统档案工作基本情况统计，由各专业主管单位组织进行。

三是编制与上报档案工作情况统计年报，每年各级档案行政管理，须通过统计年报掌握所辖区域各种档案的档案工作情况，并汇总后逐级上报有关部门。

统计的第二、第三部分内容主要由各专业主管部门和档案行政管理部门承担，不属于农村档案统计工作的重点，本节将主要说明农村档案实体及其管理状况的登记、整理和分析，为相关部门提供统计资料。

二、农村档案统计工作的基本要求

农村档案统计工作是农村档案管理系统的主要内容，是了解档案的形成、管理和提供利用情况，对档案实行有效管理的重要手段，因此，做好农村档案统计工作必须确保统计数据的准确性、及时性和规范性。

准确性：数据准确是统计工作的根本要求，如果原始数据不够真实准确，后续的统计报表、统计分析就可能出现较大的偏差，甚至导致决策失误。准确性要求在农村档案统计工作的过程中，从本村档案工作实际出发，实事求是地填写有关数据，如实反映客观情况，确保统计资料的准确无误。

及时性：是指要注意统计资料的时效性。统计工作是一个全局性的任务，一个单位的延误，就会影响整个统计工作的顺利进行。所以，上级单位下发统计报表后，农村档案管理人员须按规定时限及时上报。

规范性：是指统计工作要统一标准、科学规范。农村档案统计应当按照《中华人民共和国统计法》的规定，按国家档案局制定的全国统计报表和统一规定的统计方法上报相关数据。

三、农村档案的登记

档案登记是对档案的收集、整理、鉴定、保管、检索、利用、编研等方面的数据，通过簿册、表格等形式予以记录和汇总，揭示各项业务活动的演变规律。

农村档案部门或人员主要应做好两项登记工作，一是档案数量状况的登记，二是利用情况的登记。

1. 档案数量状况登记

档案数量状况登记形式很多，如卷内目录、案卷目录、归档文件目录、档案销毁登记簿、总登记簿等。卷内目录、案卷目录、归档文件目录、档案销毁登记簿在前文相关章节里多有细述，这里只对总登记簿作一介绍。

档案总登记簿是一种反映农村档案室档案数量及其变化情况的流水登记簿，是每一个档案机构必须建立的台账。

档案总登记簿一般由封面、档案总登记表构成，具体格式如下：

档案总登记簿的封面

档案总登记簿

×××档案室编

档案总登记表

类目号	类目名称	案卷收进情况			案卷销毁或移出情况			该类目现有案卷数	室藏档案总数
		所属年度	收进日期	数量	移出日期	移出原因	数量		

档案总登记簿的填写，应当以档案收进、移出的时间先后顺序如实登记各类档案数量的变化情况，一般逐年分类登记。

档案总登记表的填写方法：

类目号、类目名称：可以按一级类目登记，如 WS、文书档案；

案卷收进情况：所属年度就是接收案卷的所属年度；收进日期指的是接收档案日期；数量指某次接收某类案卷数。

案卷销毁或移出情况：移出日期及数量指的农村档案销毁中销毁该类目档案的时间和卷数或件数；移出原因根据实际情况填写，譬如“销毁”等。

该类目现有案卷数：由于每年可能产生、接收新的档案，也可能销毁某些档案，所以，每个类目的档案数量是动态的、变化的。该类目现有案卷数就是每个类目实有案卷累加数。

室藏档案总数：可以每年填写一个总数。

2. 档案提供利用情况的登记

档案利用情况登记指的是在开展档案服务过程中，对查阅、借阅、利用效果等相关情况予以登记，以积累原始资料，揭示和研究档案利用工作规律之用。

（1）查阅、借阅登记表

农村档案室最常见的提供利用方式有两种：一是查阅；二是借阅。

查阅登记表指对仅限于在阅览室查阅档案的状况进行登记，以查阅时间为顺序，逐个登记查阅档案的题名、查阅目的等情况的一种登记表。

借阅登记表是利用者需要在一定时间内将档案借出档案室外利用时的登记表，是利用者借阅和归还档案的凭证。

（2）利用效果登记表

档案利用效果登记表是农村档案管理部门或人员为了了解用户通过利用档案所取得的经济效益和社会效益，建立的一种书面登记材料。利用效果的登记以利用者为单位进行，由利用者在利用档案产生效果后如实填写，填写利用档案产生的效益时应具体、准确。

档案提供利用情况的登记，具体格式和登记方法将在第六章讲到。

第六章　农村档案的利用

做好档案业务建设的目的是为各类用户提供档案服务，体现档案的价值。档案利用是档案管理的中心环节，在整个档案工作中占有极其重要的地位。本章重点阐述农村档案的查借阅服务、农村档案检索工具的编制以及几种通用性参考资料的编写。

第一节　农村档案利用工作概述

一、农村档案利用工作的含义及内容

农村档案利用工作是档案部门或人员，根据利用者的需求，通过一定的方式和方法提供档案为用户服务。

档案利用工作的基本内容包括三项：一是通过各种方式和手段提供档案为农村乃至社会各项工作服务；二是编制档案检索工具，介绍和报道室藏档案的内容和成分，为提供利用做好准备；三是深层次开发档案信息资源，编写参考资料，为农村生产实践活动提供服务。

二、农村档案利用工作的要求

做好农村档案利用工作，管理人员需做到以下四点：

（一）树立正确的服务观念，端正服务态度

坚持正确的服务理念，拥有良好的服务态度是做好农村档案利用工作的基本条件。不少资深档案人员，往往在这个问题上出现认识上的偏差，将档案管理人员等同于库房保管员，将档案业务等同

于保管文件，不情愿为用户提供档案服务，唯恐惹出纠纷和事端，工作中奉行多一事不如少一事原则，敷衍搪塞利用者，甚至将其拒之门外，使一些有价值的档案长期难以面世。这种观念，违背了档案工作的根本宗旨，不利于档案信息的利用和开发。

（二）充分研究和了解农村社会需要，熟悉室藏档案

农村档案管理人员要做一个有心人，熟悉室藏档案内容和特点，同时要时常关注农村社会的焦点问题，了解农民群众的现实需要，找到二者的最佳契合点，在农村档案与农村社会需要之间搭建起一座桥梁，让档案真正地服务农民、服务农村建设。

（三）正确处理档案实体管理与档案信息利用工作的关系

档案业务建设是基础和前提，档案利用工作是目的。二者均要兼顾，不可偏废，既不能仅埋头于实体管理，忽视信息开发利用工作，为管理而管理；也不能专注于利用工作，荒废了基础管理，一定要统筹兼顾、合理分配人力物力，做到基础业务与利用工作相互促进、同步发展。

（四）正确处理利用与保密的关系

在传统的档案管理工作中，保密是第一要务，包括农村档案部门在内的各级各类档案部门普遍存在着重保管轻利用的现象，导致大批档案得不到充分的利用，甚至有些很有价值的档案长期被束之高阁，用户难以了解保管档案的情况，有效地利用档案。农村有些档案应该保密，但保密的目的是为了更有效地利用，是在一定的时间、一定的对象范围内有限制地利用，只保密不利用就会失去保密的意义，失去保管档案的作用。当然，无限制的利用会给党和国家的安全和利益造成危害。所以，对农村档案工作者来说，保密与利用两者都十分重要，不可偏颇。

三、农村档案的查阅借阅服务

农村档案部门向档案利用者提供服务的方式多种多样，较为常见的是档案阅览和档案借阅服务。

（一）档案阅览服务

农村档案室保管的档案，大多为单份，有些档案信息还属于保密范围，所以，档案非特殊情况一般不外借。一般是由档案人员到库房提取原件，提供给用户在档案阅览室翻阅。如果某些农村办公用房紧张，无独立阅览室的，也可以在档案人员办公室阅览。

接待档案利用者查阅档案的程序是：

1. 进行查阅登记

农村档案室或档案管理人员应建立查阅登记簿，对每一次查阅进行认真登记。查阅登记簿是统计档案利用人次的重要依据，也是了解档案利用情况，研究档案利用规律的第一手资料。

农村查阅登记簿一般以时间为序，逐个登记查阅档案的题名、查阅目的等利用情况：

档案查阅登记表

序号	日期	利用者需求关键词	档号或案卷文件题名	利用目的	查阅人签字	接收人签字	备注

2. 接待查档咨询

农村档案人员在进行登记后，需要详细了解利用者所需档案的时间特征、内容范围或者文件的制发单位，以便于针对性地检索、提取所需档案。

利用者查档时，往往不能准确描述所需文件的文号、文件标题等特征，一般仅能提供一个或几个关键词，这就需要农村档案管理人员具有较高的业务素质，熟悉室藏各个门类档案的主要内容、分类大纲、目录的编制方法及排架顺序，找到利用需求与室藏档案的对应关系，才能为利用者提供较为准确的服务，最大限度地满足利用者的需求。

3. 调卷、复制与归位

农村档案管理人员在明白利用者的需求后，可以直接到库房调卷，将案卷交利用者查阅。利用者提出复印要求的，应填写档案复制登记簿，档案人员为其提供复制服务。

档案复制登记表

顺序号	日期	档号	文件标题	文件形成时间	复印页数	复制份数	审批人意见及签字	经手人签字	利用者签字

利用者阅览完毕，将案卷交回，管理人员须对卷内文件进行检查，察看其是否齐全、完整，并及时归位。

（二）档案借阅服务

农村档案部门或人员应建立健全档案借阅登记簿，利用者如果提出特殊需求，经过有关负责人的批准，在确保档案安全的前提下，档案人员可以将案卷暂时外借，并督促利用者及时归还。档案借出时，必须履行严格的借阅手续，有关人员必须在借阅登记表上签字，以明确责任。

1. 档案借阅登记簿

借阅登记表是利用者需要在一定时间内将档案借出档案室外利用的一种登记表，是利用者借阅和归还档案的凭证。

档案借阅登记表

序号	日期	档号	案卷或文件题名	利用目的	借阅人签字	归还日期	接收人签字	备注

2. 填写代卷卡，放在被抽调的案卷处，以便检查、清点库房案卷和及时催还。

代卷卡

案卷或文件题名	档号	去向	移出日期	借阅人	归还日期	经手人签字

3. 归还。利用者归还档案时，档案管理人员必须根据卷内目录认真清点核对文件，察看其是否完整齐全，是否有损坏、抽换、涂改现象，若档案完好无损，可在借阅登记簿上注销，如发现问题应及时汇报有关领导，妥善处理。

四、档案利用信息反馈

档案利用信息反馈是档案部门对利用档案产生的经济效益或社会效益信息进行收集、分析、整理的工作。档案人员通过利用信息的反馈，可以分析各类档案利用效率，便于有针对性地改进基础管理工作。

（一）建立档案利用效果登记簿

档案利用效果登记簿是揭示利用者通过利用档案所取得的经济效益和社会效益的书面登记材料。

农村档案利用效果登记表

查阅人		单位及联系电话	
查阅日期		经办人	
查阅目的、内容			
利用效果及意见			

（二）编写档案利用效果事例汇编

档案利用效果事例汇编是在档案利用效果登记的基础上，对其中具有典型意义的利用事例进行汇编形成的一种参考资料。

（1）事例的选择与核实。根据平时积累的档案利用效果登记表，定期选择一部分具有典型意义的事例进行加工汇编，筛选事例可以从两个方面着手：

一是查看社会效益是否突出，利用档案产生的社会效益可以从这样几个角度衡量：是否为领导决策提供了可靠依据，为解决各种历史遗留问题或处理纠纷提供凭证；是否作为编写村史村志原始资料；是否成为维护国家、村民、集体利益的凭证和宣传教育的素材等。

二是查看经济效益是否突出，主要审核利用档案是否在节省基建投资、加快施工进度、确保农业科技产品顺利推广、促进自然资源的开发利用以及促进科技进步等方面发挥了重要作用。

典型事例筛选完毕后，应作进一步的调查核实，确保事例的真实性和对档案产生效益评价的科学性。

（2）文字整理与编排

档案管理人员应对每一个事例进行必要的文字整理，事例应基本包括标题、利用档案的单位或利用者姓名身份、利用档案的时间、地点、利用档案的目的、数量、内容、成分、利用档案解决的具体问题等要素。

举例：

山林界址的依据

例一：

2006 年，××市委市政府决定在龙回镇兴建一大型垃圾场，该垃圾场位于龙回镇的半岭村、九江村，涉及陈坑小组、柯树坪小组大面积山林。一时，村与村、组与组之间因山林界址发生不少争执。2007 年春，在龙回镇干部的陪同下，两村、两组干部到××档案室查阅了 1953 年、1983 年山林权档案存根，使村与村、组与组、村民与村民之间山林界址得到解决，使垃圾场的建设顺利进行。

例二：

2007 年 6 月 26 日，龙岭镇龙岭村村民熊××，因房屋界址与邻居赖××发生争执。该房屋系熊××伯父所有，因其伯父无子女，由熊××赡养天年，并继承其遗产。经核查 1953 年土地房产证存根，该房屋系熊××所有，界址分明，避免了争执。

土地权属的凭证

例：

2007 年 6 月 28 日，某乡长塘村黄屋组村民黄××因该组坑屋大窝孜岭天水以东与邻村草坵组吴姓发生争执，产生纠纷，前来××档案室查阅 1953 年土地房产证存根，经查黄××土地房产证存根，坑屋大窝孜岭东以天水隔界，说明此岭东边天水以内系黄屋组所有，从而有了充分的依据，解决了长期的纠纷。

如果档案利用事例不多，可以直接按照事件发生的时间顺序依次排列；如果篇幅较大，可以按照利用效果产生的性质分为经济效益、社会效益两类，每一类中再按时间顺序排列。

第二节　农村档案的检索

一、农村档案检索工作概述

（一）农村档案检索工作的含义

它是把档案信息的主要内容和形式特征，体现在各种检索工具中，结合利用者的特定需要，根据检索工具提供的线索，迅捷地查找档案，为利用者提供服务的工作。

档案检索工作有两项内容：一是编制档案检索工具；二是根据利用者提供的查询条件，通过检索目录体系，从档案中查找出有关的档案。

（二）农村档案检索工作的作用

1. 档案检索是农村档案工作的一项重要业务。农村建立档案工作体系，配备库房和基础设施，开展档案收集、整理、鉴定、保管等项工作，最终目的是提供档案为农村各项工作和社会主义现代化建设服务。前期硬件设施的配备、档案实体的管理属于基础性工作，不与利用者发生直接的联系。农村档案工作与其他各个领域建立联系，发挥档案的作用，获得村民和社会的认可，主要得通过检索这一环节，使利用者获得所需要的档案。所以，档案检索是农村档案工作的一项独立的业务建设。

2. 档案检索是实现农村档案工作目的的重要途径。档案检索是解决纷繁复杂的农村档案信息与利用者单一需求之间矛盾的重要途径。随着社会的进步和时间的推移，农村生产、建设活动将日益丰富，随之，农村档案存储量也会日渐增大，而利用者的需求总是单一的，可能只是一份文件，可能只是一个日期，或者一个人名，如何从大量的档案信息中快捷、准确地获取所需信息，最佳途径就是通过档案的检索。

3. 检索工作可以敦促农村档案的各项业务建设日趋规范。档案检索的查全率、查准率，不仅取决于档案检索体系是否健全，编制是否科学规范，档案人员是否能够熟练掌握和运用检索工具，也取决于档案基础业务建设如收集、整理、编目等项工作的标准化程度。如档案收集不够齐全完整，可供检索的档案信息源少，检索就不能满足利用者的需要；或虽档案内容丰富，但分类整理不够科学，检索就会遇到障碍，难以保障工作效率。检索工作可以检验前期业务建设的质量和水平，一旦发现收集不齐全、整理不科学等问题，便于及时改进，促进各项基础建设的加强。

二、农村档案检索工具的种类和编制

（一）检索工具的种类

由于档案内容丰富多彩，利用者的需求五花八门，决定了农村档案人员需要从不同的角度编制各类检索工具，每种检索工具可以提供一个或几个检索档案的途径，或者提供不同的检索方法。

档案检索工具依据不同标准可分为不同的类别。目前比较常见的分类方法有以下几种：

1. 按编制方式分为目录、索引、指南三种。

2. 按载体形式分为书本式检索工具、卡片式检索工具、缩微检索工具、机读式检索工具。

3. 按检索范围分为全宗范围检索工具、档案馆范围检索工具、专题范围检索工具和馆际检索工具四种。

4. 按功能分为馆藏性检索工具、查检性检索工具、介绍性检索工具等。

对于综合性档案馆或具有相当规模的专业性档案馆，从满足利用者需要的立场出发，检索工具当然是多多益善。就农村档案工作而言，存储的档案信息量不大、管理人员多为兼职，编制多种检索工具既无可能也无必要。农村档案工作中必备的检索工具应该包括案卷目录、全引目录、全宗介绍、档案存放地点索引，档案人员集中精力编制这几种基础性的检索工具足以应对工作之需。案卷目录、档案存放地点索引在前面的章节中已有详细介绍，这里不再赘述。本节重点说明全引目录、全宗介绍的编制方法。

（二）全引目录的编制

全引目录也被称为“卷内文件目录汇集”，它是将全宗或全宗内某一部分案卷卷内文件目录汇编而成的一种检索工具。由于它能够查找到单份文件，检索档案快捷方便，是案卷级管理模式下各级各类档案室、档案馆普遍采用的一种检索工具。

全引目录由封面、目次、全引目录表和封底构成。

全引目录封面包括全引目录名称、所属全宗号、类目号、年度、起止案卷号、编制单位和日期。

全引目录封面

×××村文书档案全引目录	
所属全宗号	类目号：WS.2
所属年度：2008 年	起止案卷号：1—100
	×××村档案室
	××××年××月

目次由案卷号及其在全引目录中的页号构成，要具体标示各案卷及其卷内目录在全引目录中的位置，便于直接查找文件。

目　　次

全引目录表有两种编制方法：

第一种，将需要编制全引目录的某部分案卷的案卷目录和与其对应的卷内目录复印（或填写目录时直接编制两份），按照案卷目录在前、卷内目录在后（卷内目录按照案卷号排序）的顺序装订为一册，视为一本全引目录，统一编制页号，并在案卷目录的每一个条款备注中，标注该卷卷内目录所在的页次，便于检索。

×××村文书档案全引目录

案卷号	案卷题名	所属年度	卷内件数	页数	保管期限	备注
WS.1—51	关于××、××问题的通知、报告	2008	8	56	永久	35
WS.1—52	××村 2008 年年度计划、总结	2008	4	24	永久	37
WS.1—53	××村关于综合治理、安全保卫工作的通知、实施方案	2008	6	52	永久	38
WS.1—54	××村关于干部任命、机构调整的通知	2008	12	42	永久	40

第二种是在每一个卷内目录的上方标注其所属案卷的内容和形式特征，然后依照卷号顺序排列，装订成册。全引目录表的内设项目与卷内文件目录基本相同，只是每个案卷卷内目录的第一张上端加上案卷号、案卷题名、卷内文件起止时间、数量统计、保管期限等。

全引目录表

案卷号		案卷题名			本卷共　件　页	
					起止时间	
					保管期限	
顺序号	文号	责任者	文件题名	日期	页号	备注

上述两种方法都是以文件为单位揭示档案内容和成分的目录式检索工具。第一种方法简便易行，但查找某文件时，须先查阅相关案卷，再翻阅该卷的卷内目录，不能直接看到每个案卷内的文件，不够直观，使用不太便利；第二种方法以案卷、文件为单位揭示档案的内容和成分，每个案卷及其卷内文件内容与成分在同一张表格上，一目了然，使用方便，但编制时需要重新作表填写，相对烦琐一些。农村档案部门和人员可以根据实际情况，任选一种档案全引目录格式，方便利用即可。

（三）全宗介绍的编制

1. 什么是全宗介绍

全宗介绍是以文章叙述的形式，介绍立档单位和全宗历史概况，揭示全宗内档案内容和成分，兼具报道性和检索性两种功能的参考工具。全宗介绍也称为全宗指南，它是以全宗为单位编制的。一般农村档案室保管的档案属于同一个全宗，就应当编制一个全宗介绍。

2. 全宗介绍的作用

编制全宗介绍，其主要作用在于：

（1）便于利用者了解所需要的档案线索，有利于档案信息的开发利用。全宗介绍揭示了室藏主要档案信息，相关部门和工作人员通过这个检索工具可以了解某一农村室藏档案的概貌，了解某一全宗构成者（即立档单位）的历史、全宗的历史、全宗内档案的主要内容和成分。编写全宗介绍，是农村档案机构或人员主动为村民及其他利用者服务的一种形式。

（2）便于全宗内档案的管理。全宗介绍能够帮助档案人员，尤其是新到岗的档案人员迅速熟悉所管辖档案的内容和成分，尽快进入角色，更好地开展档案的整理、鉴定、保管、统计等工作，提高档案管理水平。

3. 全宗介绍的结构及其内容

全宗介绍的结构一般由三部分组成：立档单位历史沿革、全宗历史概况、全宗内容与成分介绍。

（1）立档单位历史沿革。立档单位历史沿革的内容主要包括立档单位的性质、成立时间、机构变革情况、隶属关系、职权范围、工作任务、内部机构设置等的变化情况。编写时，要根据立档单位的具体情况，突出重点、详略得当。例如，就农村而言，可以重点介绍村委会成立的时间、办公地点、所属乡镇、不同时代的工作任务、内部机构设置情况、所辖区域、人口和土地面积、集体财政收入等项目的变化情况，如果成立历史较长，可以分几个时期介绍。

例如《××镇档案全宗介绍》中的“立档单位历史沿革”可写为：

概况。××镇位于海淀区东北部，辖1个社区家委会、17个村委会。镇政府驻西北旺村，邮编100094。××镇政府最早成立于1956年3月，1961年4月成立××公社（与西北旺农场合一），1984年4月改设××乡，1998年11月乡与农场机构分开。2002年，将部分社区居民划转移交给上地、清河街道；全乡总面积36.6平方千米，户籍人口21838人，其中农业人口13428人、非农业人口8410人。外来人口27782人。辖西北旺村、韩家川村、冷泉村、安宁庄村、唐家岭村、土井村、东北旺村、西二旗村、马连洼村等9个村委会、6个居委会和1个家委会。

2005年，中关村软件园地区划归上地街道管辖；百草园地区、百旺新城地区划归马连洼街道管辖。

××镇机构与职能演变分为四个时期。即：

新中国成立初期。××镇不设内部机构，只配备了8名不脱产的工作人员，分管民政、公安、财政、粮食、调解等事务。农业合作化和社会主义改造运动时期，成立了民政、治安、武装、生产合作、财粮、文化教育、调解等工作委员会。

人民公社时期。××镇镇政府被取消，改为××人民公社，下设生产建设、财政、粮食、贸易、民政、文教卫生、治安、民兵、调解民事等部门。××公社设主任1名，副主任3名。

“文化大革命”时期，成立××公社革命委员会，取代了原有的党政领导机构，行使党政领导权。革命委员会由群众组织负责人、当地驻军负责人和“革命领导干部”三个方面的人员结合而成，组成新的权力机构。

恢复和发展时期，××公社党委改为镇党委，正副书记各1人；

建立镇人民政府，设正副镇长各1人，主要职能是做好公安、民政、司法、文教卫生、计划生育等工作。

《××村全宗介绍》的立档单位概况为：

××村由原红星村、金岗村合并而成，因小街名叫××而命名之，是锦星乡政府驻地，建有乡场。一九九一年耕地面积1270多亩，农户354多户，人口1750多人，有木渣黑田坝，是县内二十四个田坝之一。

明初赵谢二姓从南京来此避乱，子孙居此，开辟成乡场。村东南面与青沟接壤，北面与文阁村相邻，西面是红旗村，境内田坝是鹅项颈水库灌溉区，文阁水利沟流通村境。

境内有黑大坡、秀才坡、老寨子大坡等山脉。周围古寨有老寨子，建于明初。上寨毁于清初吴王剿水西时，有××乡场，是最古的乡场。

乡场目前也成为全乡的农作物交易集散地，街道全部用水泥打平，又修了移民新街。

境内建有锦星小学和锦星中学，此地文化发达，著名的文人有田××、刘××等人。

由于地理环境不如东边贵毕节大道经过之村，二〇〇六年夏，锦星乡政府将由此迁到新街村内，仅作片区管理。

(2) 全宗概况

全宗概况的主要内容有全宗档案的来源、完整程度、形成档案的门类、各类档案数量、所属年度、本村建立档案工作以前档案的保管情况、档案整理和利用情况等等。

其中，全宗档案的来源指全宗文件的形成单位，“档案的来源”是档案管理学的专用术语，专指文件的形成单位；

档案的完整程度、门类、数量、所属年度是必须介绍的项目，其中完整程度指的是文书档案是否齐全、是否有年份间断现象，科技档案归档率如何等；

档案整理情况，需要介绍本村历史上开展过几次整理活动，具体整理了哪些门类，共有多少案卷。每次整理的分类方案、组卷方法、立卷改革等也须介绍；

档案的鉴定销毁情况，介绍本村档案是否开展过鉴定工作，是否销毁，销毁情况及案卷数量；

档案保管及建档情况，需要说明本村何时建立档案工作，建档前档案的保管状况及归宿，案卷排架方法等；

档案的利用情况，主要介绍检索工具及其覆盖面，编研材料的种类及时间跨度等。

举例：

目前该全宗共有案卷718卷，其中永久461卷，定期257卷。

×××村曾在1981年清理档案材料，但数量不多，整理不规范。在村党支部、村委会的领导下，1999年建立了×××村档案室，清理了大部分积存历史档案资料，但1950～1962年档案资料散失严重、保管不善，多有虫蛀、鼠咬，导致文件残缺不全。另外，整理的档案不够规范，只有部分有卷内目录。1999年以后，新的村领导班子对档案工作极为重视，抽调和聘用人员对全村原有的档案资料进行整理，重新建立档案工作。

自1950年至1998年的文书档案按年度——问题分类，并按永久—长期—短期排列，并编了流水号，编有卷内目录、案卷目录（即全引目录），供查阅利用。1999年至今，×××村各类档案整理执行新的分类大纲，即按门类——职能分类，每一类再分别依据各自的特征分类整理。文书档案按照年度——问题分类，科技档案按照项目分类，会计档案按照形式分类。

2002年起实施村档乡管，迄今为止的本村会计档案全部在×××镇档案馆保管。

（3）全宗内档案的内容和成分

全宗内档案内容和成分是全宗介绍的主体，为使利用者了解所需要的档案线索，档案内容和成分的介绍必须具体、准确、清晰和实事求是。

档案内容指的是档案所反映的事件、人物、项目、工程等；档案的成分指档案的来源（文件的责任者）、形式（文件名称、制成材料等）、形成时间等。在这部分，还应对全宗内档案的可靠程度和利用价值作简要评述。

全宗内档案内容和成分的介绍，有三种写法：

第一，简要介绍。即将全宗内档案的内容和成分作综合性的概括的介绍。这种写法，篇幅短小，文字精练，编写迅速，阅读方便，缺点是失之过简，内容不具体，难于满足某些利用者的需要。

第二，详细介绍。即逐个介绍每个案卷的主要内容和成分，注明案卷号、起止日期和页数。这种写法，能为利用者提供比较具体的档案信息或线索，深受利用者欢迎。但是，按这种方法写的全宗介绍，篇幅大，编写费工，阅读不便。

第三，详简结合法。即对一般案卷只作概括性介绍，对重要的案卷或个别珍贵文件作详细说明，注明案卷号、起止日期、页数等。这种写法详简兼备，扬长避短，在编制全宗介绍时最为适用。

在具体撰写时，可以分大类介绍。如文书档案的数量、时间跨度、保管期限、主要事由和内容，重要档案最好直接点明文件标题；科技档案可以介绍大概几个项目，每个项目包含哪些材料；会计档案可分会计凭证、会计账簿、财务报表三类介绍；声像档案往往包含一些有价值的老照片、录音录像带等，需要重点介绍。

4. 编写全宗介绍应注意的问题

(1) 上级文件一般不做重点介绍，如果涉及本村重大事务的可以简述。

(2) 保密文件内容介绍从简，全宗介绍属于公开性的检索工具，内容应尽量减少涉及保密文件，否则易造成泄密。

(3) 立档单位的历史概况不宜太烦琐。有些单位的全宗介绍，立档单位的历史概况全部照搬了组织沿革的内容，不但未提升利用价值，还致使全宗介绍篇幅冗长、主次不分，影响了整体效果。

(4) 全宗概况不能等同于档案室简介。有些单位编制的全宗概况，仅仅局限于眼前的现状，忽略了对全宗历史的追溯，对以往不同时期的分类方案、鉴定及销毁、移交进馆等情况交代不详，反而详细介绍了管理体制、库房建设、基础设施的配备等工作，未能反映出全宗的历史与概况。

(5) 档案内容与成分介绍不可以太简略。这一部分是全宗介绍的主体，不能仅罗列各类目名称、数量，将主要内容一笔带过，影响全宗介绍作用的发挥。尤其是文书档案内容与成分介绍不能千篇一律地将《档案保管期限表》中保管期限的划分原则照搬照抄，而应注重本全宗的特色。

第三节　农村档案的编研

一、农村档案编研工作概述

(一) 农村档案编研工作的含义

档案编研工作是以馆藏档案文献为主要物质对象，以主动提供或报道档案信息内容满足社会利用为主要目的，在深入研究档案内容的基础上，按专题对档案文件进行收集、筛选、加工，使之转化为不同形式的编研成果的一种专业工作。农村档案编研工作是以室藏档案为主要线索和依据，研究档案信息，编辑档案史料或参考资料，为农村和社会提供服务的工作。

（二）农村档案编研工作的内容

农村档案编研工作主要包括三项内容：

1. 编写档案参考资料，如农村档案管理部门可以编制本村组织沿革、大事记、基础数字汇集、专题概要等参考资料，满足相关方面的利用者系统研究档案信息的需要，并为利用者提供某专题的研究线索。

2. 汇编档案文集，如编写发文汇集、专题文件汇集等。村级属于基层组织，发文不多，不必编制发文汇集。可以根据某方面的需要，确定一个时间跨度，围绕某专题选取文件，利用档案复制件汇编专题文件汇集。专题文件汇集保持了档案文件的原貌，为利用者提供的是系统的、原始的档案信息。

3. 参加编史修志。农村档案工作人员应利用室藏档案信息，把编史修志当做开发利用档案的重要内容，积极参与或者独立地承担编修村史村志等任务。

（三）农村档案编研工作的要求

农村档案编研工作须始终坚持“服务、创新、发展”的工作理念，紧扣服务农村工作这个主题，努力拓展选题范围，充分利用档案资料编制出适时适用的编研产品。

第一，围绕本地区中心工作，审时度势，抓住某一时期农村工作的重点和热点问题，编研出有实用价值的资料汇编。

第二，要不失时机地展示编研成果的作用，以扩大档案编研工作的知名度。

第三，坚持档案编研特色化，最大限度地实现档案信息的使用价值，使档案信息更好地为农业和农村工作服务。要善于从室藏各种门类、各种形式的档案中提取相关资料，多种角度开展档案编研，使档案编研成果声形兼备、图文并茂，以群众喜闻乐见的方式展示档案信息。

下面简要介绍几种农村常见的档案参考资料的编制方法。

二、大事记

（一）大事记的含义

大事记就是按照时间顺序，以简明扼要的文字，记载一个地区、一个系统在一定历史时期发生的重大事件的参考材料，是供人们查找有关史料的一种工具书。

（二）大事记的作用

编写大事记是我国修史的一种传统方式。它以年月为经，以史实为纬，系统编排，具有供决策参考、宣传教育、编史修志取材等多方面的作用。农村档案部门或人员利用室藏的档案资料编写大事记，为领导决策提供各种信息和参考材料，是发挥档案的社会效益和经济效益的重要手段之一。因此，农村档案室应当重视开展大事记的编写工作。

（三）大事记的编写方法

1. 制订编制方案

编写大事记是一项费时费力的工作，可能涉及多个部门和人员，需要统筹规划、统一认识，有计划、有步骤地进行。所以，编写之前应首先制订编写方案，内容包括大事记的题名、收录范围、材料来源、人员分工、进度安排等项，其重点是明确大事记的记载范围和编写工作的组织分工。

大事记的记载范围，包括空间范围、时间范围、内容范围三个方面。

（1）空间范围，亦称地理范围。大事记有全国性的，一个省的、一个地区的、一个县的、一个单位的，它们各有特定的地理范围。

农村大事记在空间范围上属于最后一种，要立足本村档案室藏资料，依据本村在不同历史时期的工作任务、行政区划、人口、土地面积、村容村貌等的变化，记载能够反映本村特点的大事要事。

（2）时间范围，即时间跨度。大事记，可以是有史以来的，也可以是某个特定历史时期的。如编写一个行政村的大事记，可以特定的历史时期为记载范围，确定时间上限和下限。对于发生在时限以外而又有必要记载的重大事件，可在之前写个历史概述，把时限以外的需要记载的事件讲清楚。

（3）内容范围，即大事记所要记载的内容。大事记是专记重大事情的，要求做到“大事突出，要事不漏”。这里所说的“大事”是相对的，同样一件事情在某个单位或区域可能属于大事的，对上一个级别的单位，可能就只是微不足道的小事了。一般而言，大事是指重大的社会问题、民生问题、自然现象、对人民生活或历史进步有重大影响以及值得借鉴、具有教育意义的事件。

对于农村大事记，以下事项均需要记载：

各种会议；

村规民约的制定；

主要的人事任免事项；

重要组织机构的设置、撤销；

行政区划的变动；

农业或村办企业生产上的重大成果、重大成就、重大事故；

属于本村的知名人物；

本村著名的风景名胜、风俗人情、自然灾害等；

重大工程项目、重大庆典活动等；

本村获得的各种表彰与奖励；

其他重大事件。

除此之外，编制方案中还应重点就人员分工、时间安排等予以明确，保障按部就班地进行此项工作。

2. 收集材料

占有丰富而真实可靠的史料，是大事记的编写基础。编制人员应根据方案的部署，系统、全面地查阅档案资料，将档案中涉及的大事、要事相关内容予以复制。如果档案中有些内容或事项交代不够清楚，还需要到乡镇等相关单位收集资料。

3. 资料的分类排序

把收集来的资料，按形成的时间顺序排列。亦即首先区分年度，每年内列出大事条目，将条目按月、日顺序排列，然后再将有关各条目的史料依次粘在条目之后。这样，就基本搭建了大事记的框架。

4. 筛选取舍

综合研究每年的大事条目，严格选择，决定取舍。去掉不应记载的条目，仔细审核保留条目的史料，作为记载“大事”的基础。

5. 整理文字形成初稿

大事记的条目由两部分组成，即大事发生的时间和大事记述。时间一般要求具体到月，重大事件最好能够具体到日；大事记述要求文字简练、表述清晰，每个事件发生的时间、地点、经过、结果等要素齐全。

对每个条目进行史料考订，以求所记之事和时间准确无误；对所有大事记材料进行系统的文字加工与修订，形成初稿。

6. 审核定稿

将初稿送有关部门、有关人员审阅或集体讨论，提出修改意见，然后由编写人员进行必要的修改，形成大事记定稿。

（四）编写大事记注意事项

1. 大事记的积累可以日常化。有些基层单位每年责成专人编写当年大事记，积累若干年后，再筛选要事，汇编成册，这种做法，既节约了大量翻查档案的人力投入，又能确保事件记述准确，不失为一种经济的做法，值得农村档案人员效仿。

2. 工作总结不可充作大事记。也有不少基层单位，平时不注重文字积累，需要编写大事记时又不愿投入大量的精力查阅档案、核实资料。竟汇编每年工作总结充作大事记，实不足取。工作总结和大事记是两种体例完全不同的文件，前者的重点在于从以往的经历中发现问题、提炼经验、反思过失，指导下一阶段的工作，由基本情况回顾、成绩与问题、经验和教训、改进措施等构成；大事记则由大事发生的时间和大事构成，重点在于客观记载、如实记录，二者不可混为一谈。

举例：

×××村1995～2000年大事记（节选）

1995年3月，×××村戏院落成使用。

1995年3月，×××村市场正式开业。

1996年8月，《南方日报》、《羊城晚报》、《深圳特区报》、《香港文汇报》、《人民日报》头版报道了×××村陈××先进事迹。

1996年10月，中央电视台黄金栏目“焦点访谈”摄制人员来×××村采访陈××。

1997年5月，×××村残疾人陈××获得“深圳市自强模范”称号。

1998年3月，晶都城酒店被省旅涉外饭店星级评定委员会批准为全区首家三星级酒店。

1998年11月，获“深圳市计划生育协会”五好“基层单位”。

1999年9月，×××村小学正式成立开学。

2000年1月，×××村图书馆成立。

2000年12月，获得深圳市乡镇企业管理先进单位奖。

三、组织沿革

（一）组织沿革的含义与作用

组织沿革也称为组织机构沿革，是系统记载一个单位、一个地区或专业系统的组织机构、人员编制、体制变革情况的一种档案参考资料。

编写组织沿革，一方面可以为利用者研究和查考某一机构演变情况，为地方进行经济体制改革和政治体制改革提供可靠的参考材料；另一方面可以为整理、鉴定档案价值、熟悉立档单位情况、编写全宗介绍提供系统的素材。

（二）组织沿革的编写方式和内容

组织沿革的编写形式有文字叙述式和图表式两种。

组织沿革的内容包括：地区、专业系统或单位历史概况；行政区划、建制变更情况；单位成立、合并、撤销和复建的情况；单位名称变更、办公地点迁移情况；单位性质、职权范围、主要任务及其变化情况；单位隶属关系、所辖机构和地区范围及其变化情况；单位主要领导人的任免情况；单位领导体制及其变化情况；单位人员编制及其变化情况；单位内部组织机构的设置及其变化情况；主要内部组织机构的职能及其负责人的任免情况；其他与所谓“组织”有关的情况。

上述内容就是组织沿革的五要素：单位性质和主要职能，隶属关系，人员编制，内部机构设置，领导成员的组成。

（三）组织沿革的编写体例

比较常用的体例有以下三种：

1. 编年法。这种体例是以年度为单位，以年度先后为顺序，逐年编列单位自身各方面情况的一种方法。通常以年度再分问题或设项来记述或填写有关情况，即采取“年度——问题（或项）”的形式。此方法适用于变化较多、较频繁的机构。

2. 系列法。这种体例是以机构内部的组织机构为主线，将每一个组织机构的人员编制、主要负责人的沿袭、变化等情况，分别作为一个系列来加以记述或填写。此方法适用于组织系统比较稳定的机构。

3. 阶段法。阶段法是根据机构历年来自身变化的特点，将其历史划分为若干阶段，再于每个阶段中，分别记述和反映单位自身各方面的情况及变化。采用阶段法，首先要正确划分阶段。阶段划定之后，再考虑如何把每一阶段中的情况记述和反映清楚，不同阶段可以分别采用不同的结构和记述方式。主要有两种情况：一是采用单层结构，即在阶段下直接按时间顺序加以记述；二是采用复式结构，即在阶段之下先分问题或系列，再将每个问题或系列的内容按时间顺序加以记述，形成“问题（或系列）——时间”的结构形式。例如，一个单位有内设机构和下辖组织的，要划分为领导机构、工作机构、下辖组织三“块”来编写。如果一个编写单位内有不同性质的系统，则应先分系统（划大块），再分时期或阶段，后划块编写。

（四）组织沿革的构成

组织沿革由封面、扉页、前（序）言、目录、正文等部分构成。

封面：内容为组织沿革名称、编写者单位或姓名、编写时间。

举例：

组织沿革封面

南关村 1952～2000 年组织沿革   南关村档案室编 2003 年 5 月

扉页：与封面内容相同。

前（序）言：写编写组织沿革的目的、读者对象、材料来源、编写工作的组织领导、工作分工以及所在页数。

目录：表明每一部分内容及其所在页码。组织沿革简单、篇幅小的可不编目录。

正文：为组织沿革书面材料的主体，设章、节或按其他形式设层次编写。如果某村组织沿革分为几个阶段，每个阶段的正文应包括概况叙述和领导人名录两个部分，概况主要叙述本阶段机构名称、主要职能或工作任务、机构增设或裁减情况、隶属关系、行政区划有哪些变化、人口土地变化情况等。领导人名录的编排，先总后分，以内设机构或成员先正后副为序。

（五）各部分的编写规则

1. 各时期组织机构的名称，要尊重历史，按当时的实际名称来写，例如，五六十年代初的“人民公社”、“生产合作社”，都要在相应时期写其原来的名称，不应写成“××镇”、“ ××村”。

2. 领导人的姓名应当写常见的正名，必要时可在正名后的括号内注名别名、曾用名、笔名或字、号。

3. 一律用规范的简化字，标点符号要正确。

4. 要遵守保密制度，凡属不该公开的机构、人员、数据等，均不得写到组织沿革中去。

组织沿革初稿写出后，要进行认真的检查和修改。检查时，要搞好三个对照：对照收录材料的内容与编写方案是否一致；对照组织沿革与领导人名录是否吻合，时间是否一致和衔接；对照领导人名录是否齐全。除了依靠编写组成员核对外，还应该请熟悉情况的有关部门和有关人员审查，必要时可以召开座谈会、审稿会，对初稿进行全面审查，提出修改意见。编写人员在广泛征求、认真分析各种意见的基础上，反复修改后，即可修改定稿，报有关领导批准后付印。

举例：

××村组织沿革

第一阶段　五六十年代

××村位于广陈镇正东面，西边为港中村，北与山塘村相邻，东与新仓镇相邻，南与新仓镇大利村和广陈镇三兴村相接，中有广山公路贯穿，距平湖市中心15公里，交通便利，区位优势明显。

××村解放初由两个行政村组成，即港北乡的泗泾、龙湾村，一九五〇年组织起农会，开展土地改革等工作，一九五四年组织起红旗、金鹰、新华等五个初级社，撤区并乡后与唐界村合并为港中第五高级农业社。一九五八年十月成立人民大公社，港中四社与共同社合并为港中公社五大队，一九五九年六月，体制调整，拆出共同社大队，后更名为大泗泾大队，一九六二年三月调整规模权力下放，落实改为队为基础三级所有，生产队核算，自负盈亏，进行核算分配。××拆为泗泾、龙湾、唐界三个大队。一九六六年十二月，泗泾与龙湾合并为立新大队。

大队书记	陆××	1958年10月～1959年6月
	郑××	1959年6月～1962年3月
	严××	1962年4月～1966年5月
大队队长	施××	1958年10月～1959年6月
	王××	1959年6月～1962年3月
	陆××	1962年3月～1966年3月

……

……

第二阶段　2000年以后

一、基本概况

二〇〇〇年行政区域调整××、唐界合并为××村。目前，本村约有6家企业，其中中型企业3家。全村辖区面积4.75平方公里，现有村民小组14个，总户679户，人口2612人，耕地面积5246.98亩，2006年农民人均纯收入8864元。

书　记	沈××	2000年12月～2005年5月
	王××	2005年6月至今
副书记	杨××	2000年12月～
村　长	陶××	2000年12月～2003年5月
	王××	2003年6月～2005年6月
	张××	2005年6月至今

四、基础数字的汇编

（一）基础数字汇集的含义和作用

基础数字汇编是以数字的形式反映一定地区或一个单位基本情况的参考资料，是各种基本统计数字的汇集。

编制基础数字汇集的作用：

一是为领导及有关人员了解以往情况，研究现实问题、总结历史经验提供系统的统计数据，档案中的各种统计数字，是人们以往各种活动的原始记录。人们的各种现实活动，无不需要系统的统计数字。但是，档案中的统计数字分散在不同的类别、案卷和文件中，不便于系统地利用。汇编基础数字汇集，就是为了满足领导和其他人员对系统利用统计数字的需要，是开发数字档案信息资源的一种重要形式。

二是为了更好地保护档案原件。人们为此往往要利用各种统计数字。记录各种基础数字的档案，可以为人们制定政策、研究和阐述有关问题提供数据支持和论据，利用率比较高。如果频繁地翻阅档案，对于原件的保护十分不利。通过汇编基础数字汇集，用户既可以系统地利用某个专题的数字资料，又可以很好地保护档案原件。

（二）基础数字汇编的形式

1. 文字记述式。它类似于总结报告中的基本数据分项介绍部分。

2. 图表式。又分“表示法”和“图示法”两种。“表示法”即利用统计表格登录、标示基础数字的方法。“图示法”即利用坐标图形式反映、标示基础数字的方法。其表现方式主要有直方图和折线图两种。由于“表示法”系统性强，信息容量大，能够清晰地揭示与反映出客观事物或过程的某种内在规律性与关联性，所以，基础数字汇集多用“表示法”。

五、基础数字的汇编方法

（一）设计统计表格式

编制基础数字汇集，首先须设计表格式样。统计表格式是由标题、标目（纵标目、横标目，有的还有总标目）、线条等要素构成的。统计表的设计，要符合下列要求：

1. 内容。一个表最好反映一个主题，也就是说列入统计表内的统计资料最好集中说明一个问题。例如：××村历年耕地面积统计表（1980年至2000年）、××村历年常住人口统计表（1980年至2000年）、××村历年种植业统计表（1980年至2000年）、××村历年集体经济收入统计表（1980年至2000年）、××村历年村民婚姻登记一览表。

2. 标题。统计表的标题包括表格名称和表中数据的单位。统计表的名称，是由统计表内的内容来确定的，统计表的标题，多用一个简明扼要的短语概括汇编数字的主要内容、时间跨度、表格名称，要求简练、概括地反映表格内容。数据单位指的是表格中数字采用的计量单位。

3. 标目。名称必须与数据内容相一致，要反映事物或过程之间的规律性和关联性。

4. 线条。统计表要尽量少用线条，力求简洁，使利用者感到清晰、明快。大栏目可适当地用粗线条隔开，左右两侧的边线可以省略。

5. 备注。表内资料需要说明解释的部分，如注解、资料来源等，一般写在表的下方，紧贴线框外侧，自左写起。

（二）收集资料

要从各种统计表、总结报告等文件中查找有关资料，边收集边填写在统计表的有关栏目中。

（三）汇编

基础数字汇集的汇编一般是同资料的收集同步进行的。因为资料的收集是按预先设计好的图表用其数据反映客观事物发展变化的先后顺序进行的，凡查找到某个统计数据，就填写在图表的相应位置，收集资料的工作一结束，基础数字汇编也就初步汇编出来了。

基础数字汇集的初稿编成后，要认真核对每一个数据，确保其准确可靠性，基础数字汇集表要与封面、前言和封底一起装订成册。

2000～2006 年度××村基本情况统计表

年度	户数	人口	耕地面积（亩）	集体收入（元）	农民人均纯收入（元）	备注
2000	590	2206	1980	140202	5097	
2001						
2002						
2003						
2004						
2005						
2006						

1949～2008 年××村人口统计表　　单位：户、人

项目 年份	总户数	总人口	其中		人口密度 （人/平方公里）
			男	女	
1949					
1950					
1951					
1952					
1953					
1954					
1955					
1956					
1957					
……					
……					
……					
2002					
2003					
2004					
2005					
2006					
2007					
2008					

××镇 2003～2008 年财政收入、支出统计表　　单位：万元

年份	收入			支出		
	预算内	预算外	合计	预算内	预算外	合计
2003						
2004						
2005						
2006						
2007						
2008						

第七章　新型农村档案管理模式的法律分析

第一节　农村档案管理模式新探索

一、新型农村档案管理模式

20 世纪 50 年代，我国就启动了农村建档工作，经历六七十年代风雨坎坷，至 70 年代后期，农村建档成果已所剩无几。80 年代，各行各业进入恢复整顿，广大农村开始了新一轮的建档工作，之后便偃旗息鼓了。20 世纪末期，许多农村又一次建立起档案工作，农村档案工作似乎很难走出建档——滑坡——再建档——再滑坡的怪圈，这也一直是档案界人士颇感棘手的问题。

进入 21 世纪，全国各地在巩固农村建档方面纷纷探索新的途径和做法，新型农村档案管理模式应运而生。有些地方将村级档案收进乡档案馆或县档案馆，有些地方成立乡镇档案管理中心，对所属行政村对确实不具备建档条件的农村的文书、财务、经营管理等档案实行镇档案管理中心集中统一管理，实施“村档乡管”。

案例一：

建立乡镇档案馆、实施村档乡管

从 1991 年开始，山东章丘市积极开展了村级建档建室工作。随着农村档案数量的不断增加和建档工作的全面普及，村级档案的保管利用工作面临一些新问题、新挑战。

有些村“两委”班子不稳定，干部调整过于频繁，影响了村级档案的正常归档和管理；农村经济体制改革的深化促使不少原属村集体所有的企业改制为私人所有，导致部分村集体收入减少，办公条件简陋，档案缺乏基本的保管条件，个别农村档案甚至放在村干部家中，霉变、虫蛀、鼠咬等隐患不同程度存在；村级档案管理人员绝大多数是兼职，平时工作头绪较多，面对逐年增加的档案，只能疲于应付，难以保证档案的规范管理与安全；个别村干部将村级档案尤其是涉及经济和财务的档案视为私有，不能按村务公开的要求，定期向群众公布，接受群众监督，甚至违反有关规定，弄虚作假，侵占集体和群众利益，影响了干群关系，各类上访案件急剧增加。这些问题的出现，不仅影响了村级档案的完整与安全，而且在一定程度上妨碍了群众利益，影响了农村发展和稳定。

为此，章丘市结合“村档乡（镇）管”工作和小城镇自身档案工作发展的需要，提出了建设小城镇档案馆的工作思路，将原乡镇综合档案室改建为乡镇档案馆，作为小城镇档案和档案工作的管理部门，配备一到二名专职档案人员，馆长由镇党委政府办公室主任兼任或另行配置。档案馆负责对内行使保管利用档案，对外监督指导小城镇所属单位、行政村档案工作的职责。符合单独构成全宗条件的镇直单位建立独立全宗，行政村和镇属企事业单位的档案按照独立全宗管理。在各行政村同意的前提下，由镇档案馆代管其档案，乡镇记账中心产生的村级会计档案纳入代管范围。

案例二：

村档村管、村档乡管、乡档县管相结合

江苏南通市档案局从农民的现实与长远需要出发，实行村档村管、村档乡管、乡档县管相结合的管理模式。

村档村管是农村档案的基本保管模式，但从农村档案的安全保

管和有效利用的实际出发，对不同的档案采取了差异管理模式，对文书、科技、声像等一般档案采取村档村管模式；对土地承包档案、会计档案等涉及村级单位集体资产等内容的重要档案，实行村档乡管、乡管村用的管理模式。即该类档案全部由乡（镇）农经站（农村经济服务中心、农村经济服务站）集中统一保管、清理核对，村级可根据日常需要备份保管。这样既有助于村级单位积累和管理档案材料，防止散失，又方便了工作和村民利用；对农村养老保险档案实行乡（镇）保管档案实体、县级社保处建立该类档案数据库的管理模式。

实施村档乡管，就是各乡镇建立档案馆（室），配备专门档案人员，每年由乡镇档案室定期组织各村档案人员进行档案整理和移交，集中保管所辖各村档案，每个行政村的档案单独设立全宗，安全、妥善地保管起来，以防散失。

二、新型农村档案管理模式的积极作用

（一）实施村档乡管，有利于巩固建档成果

1. 村档乡管，有助于帮助贫困农村尽快建档。西部某省份调查数字表明，至90年代末期，各县凡是经济实力相对较强，能够为档案工作提供必要的库房、柜架等设施的农村已全部建档，而未建档行政村主要集中在贫困山区。这些村大多偏远、闭塞、交通不便，经济发展缓慢，集体收入微薄，有的连村干部工资也难以保证。多数村没有“大队部”，村干部开会、上级领导检查工作，一般就在支书或村委主任家中进行。村里唯一的公房是学校。白天学生上课，夜晚教师住宿，根本无档案的栖身之地。即使保留一两间公房的，保管条件也相当恶劣，夏季无降温设施，冬季无取暖设备，尤其是农村习惯于火炉子取暖，更是档案保护之大忌。缺乏基本的物质保障是制约这些农村建档的关键因素。对贫困农村采取“村档乡管”

的方式，乡镇档案室以“过渡性库房”的角色，可以帮助贫困山村积累档案资料，尽快建立档案工作。这种方法，一方面可以满足当前农村基层政权建设、村务公开、土地承包经营等各项活动的现实需要，充分发挥档案在农业发展、农村各项改革与建设、农民致富等方面的重要作用；另一方面，也避免了因村委换届、班子调整或档案人员责任心不强造成的文件材料归档不及时甚至档案丢失，加强了对村级档案工作的监督指导。实行“村档乡管”后，乡镇档案馆一般具有符合档案保管要求的专用库房、柜架和档案装具，避免了因保管条件不善而造成的档案损毁问题，保证了村级档案的及时收集和完整齐全。并可以抓住全国大力推行农村建档的机遇，把贫困村的现行档案完整、齐全地保存起来，为丰富将来农村档案室的室藏积累“资本”，为开发档案信息资源，挖掘农村档案的潜力，保持其稳定发展奠定一个良好的基础。并使这些贫困村与其他农村的档案工作保持在同一层次上平衡发展。

2. 实施“村档乡管”的管理方式，对巩固乡镇、农村建档成果还会产生某些积极的影响。实行“村档乡管”，使贫困农村的档案得以齐全、完整、安全地保存起来，对于已建档的行政村具有某种激励作用。一个乡镇所辖农村全部建立了档案工作（包括这种“代管”形式）可以营造一个良好的社会环境，促使其中的每一个村竞相上进，不致轻易松弛和懈怠。

反之，如果一个乡镇有两三个村的档案未实行集中保管，四分五裂，对其他村会产生一些负面影响。对于一个整体来讲，典型无论是先进的还是落后的，它的辐射作用，它对整体的影响都是不可小觑的。

（二）实施村档乡管，有利于充分发挥农村档案在维护农民利益和农村稳定方面的作用

1. 村档乡管，密切了干群关系，有利于维护农村稳定。村级重

要的文书档案、会计档案，记录了村级重大事务决策和集体经济核算过程，这些材料是否齐全直接影响到农民群众的知情权和监督权的实现。实行“村档乡管”后，村民出示本人有效证件就可以利用乡镇档案馆或记账中心有关的档案材料，这些做法对于规范村干部行为、转变村干部作风具有积极的促进作用，同时在一定程度上也制约了村干部集体腐败的滋生。

2. 村档乡管，维护了农民群众的合法利益。村档乡管，保证了涉及村民利益的各种档案的安全保管，以及村民的正当查阅利用，维护了村民的合法权益，避免了许多矛盾。如有的村民和村里的干部存在矛盾，或者所查的档案牵扯到村干部的个人利益，村民很难在村里查阅利用档案，即使村干部公正无私，但村民如查不到或查不全所需档案时仍会心存疑虑，处理不好就会引发干群矛盾。由乡镇档案馆代为保管，较好地解决了村民在这方面的不便和疑虑，减少了一些矛盾的发生。

三、新型农村档案管理模式面临的挑战

虽然“村档乡管”有诸多益处，然而它毕竟是产生在经济欠发达的地区，属于过渡性的村级建档管理模式。因此，其本身存在着许多局限性。

第一，因为山区行政村分散，实行“村档乡管”以后，偏远山区的村民到乡镇查找档案费时费力，毕竟有诸多不便。

第二，乡（镇）单位档案员有的业务素质不高，难以承担村级档案的整理、指导之重任。

第三，有的乡（镇）单位档案库房紧张，防护设施落后，难以承受众多的村级档案大量进馆。

第四，“村档乡管”是一种过渡性措施，行政村档案最终归宿何在？行政村档案所有权的主体是谁？在处置行政村档案时应该注意

哪些问题?

第二节　行政村档案所有权分析

讨论行政村档案所有权，首先须明确概念。

一、关于行政村档案所有权概念的界定

所有权是民法中物权的一种，它是指“所有人依法享有的对其财产进行占有、使用、收益和处分的权利”。亦即“所有人在法律规定的范围内，独占性地支配其财产的权利”。作为一种民事法律关系，所有权的主体是财产所有人，客体是物或财产，内容是财产所有人对其财产所享有的权利和非财产所有人负有不得侵犯的义务。一般说来，某人对某物享有所有权，意味着所有人依法享有自主自愿支配其财产的权利，任何人都不得对所有人正当行使权利加以妨碍或干涉。在我国，所有权从形态上，又可分为国家所有权、劳动群众集体所有权和公民个人所有权三种。

劳动群众集体所有权简称集体所有权，《民法通则》第七十四条对集体所有权的客体作了规定，包括“（1）法律规定为集体所有的土地和森林、山岭、草原、荒地、滩涂等；（2）集体经济组织的财产；（3）集体所有的建筑物、水库、农田水利设施和教育、科学、文化、卫生、体育等设施；（4）集体所有的其他财产”。行政村档案应划归“集体所有的其他财产”。

根据以上分析，行政村档案所有权是指行政村档案所有人在法律允许的范围内，对其档案进行占有、使用、收益和处分的权利。

二、行政村档案所有权的主体是谁

我国《民法通则》第七十四条规定“劳动群众集体组织的财产

属于劳动群众集体所有”，从这个条款中很难确定集体所有权的主体究竟是谁，其主体应该是某一个组织，还是村民集体？关于这一问题，多年来我国法学界众说纷纭。

20 世纪 80 年代初期，我国实行农村人民公社制度，有学者认为“人民公社三级所有权，就是集体所有制关系在法律上的反映”。人民公社及其下属的生产大队、生产小队，是我国的基层政权组织，民法学者一般认为，农村人民公社，是农村劳动群众集体经济组织，它的生产资料归劳动群众“三级所有”。“农村人民公社三级所有的财产，其主体是集体，而不是社员”，“它不同于共有，不是社员的共有财产”。且《民法通则》颁布以后，法律界人士纷纷撰文，对此问题进行阐释。有人认为“劳动群众集体财产所有权，维护了社会主义的生产资料公有制”，“作为集体组织的生产资料，不是集体组织个别成员所有，而是属于集体组织整体所有”。也有人认为“劳动群众集体所有制的财产，不是集体组织成员间的共有财产，而是某个集体组织的公有财产”。到 90 年代，对集体所有权的主体出现了不同看法，有一种观点称“集体所有权是集体组织全体成员共同对集体财产直接享有占有、使用、收益、处分的权利”，“集体所有权是一种多数人的共同所有权，而不是单独的‘法人所有权’，即其主体是集体组织的全体成员，而不是集体组织法人”。

综观对集体所有权的主体的阐释过程，我们可以看出，过去在传统观念的影响下，公有权力往往被置于优先保护的地位，个人所有权受到很大限制。今天，农村实施群众自治的条件下，村民的权利应受到充分尊重。笔者认为，行政村档案所有权的主体应是其全体村民，而不是某一个组织，譬如村民委员会。

（一）村民委员会不具备行政村档案所有权的主体特征

所有权的主体能够参加一定的民事法律关系，依法对所有的财产享有占有、使用、收益、处分的权利。其中，对财产的处分权决定了财产的归属，它是所有权的核心。宪法规定，村委会是群众性自治组织，根据《中华人民共和国村民委员会组织法》规定，村民委员会“是村民自我管理、自我教育、自我服务的基层群众性自治组织，办理本村的公共事务和公益事业”，“管理本村属于村民集体所有的土地和其他财产”，“村民委员会向村民会议负责并报告工作”。因此，村民委员会只有管理集体财产、办理公共事务的权利，凡是“涉及村民利益的事项，村民委员会必须提请村民会议讨论决定，方可办理”。行政村档案中，包括党委会、村委会讨论本村重大问题的会议记录、村民民主选举材料、民事纠纷调解书、本村集体财产登记、财务预算决算、土地承包经营、宅基地使用证等材料，每一份文件都关系到农民的切身利益，因此，凡对行政村档案的处分（处置）这样的重大事项，应该由村民会议讨论决定，而不是哪一个组织决定，即使两委会讨论通过，两委会的意见也不能取代村民会议或村民代表会议的决定。

（二）村民委员会只是代替村民集体对行政村档案行使所有权

这一点正如我国国家所有权的主体是国家，国家是国有财产的唯一所有人，“国家所有权借助于各级政府部门的行政管理活动来行使和实现，并不意味着各级政府部门就是国家所有权的主体。各个政府机构无论其属于哪一个行政层次，它们都只是代表国家行使所有权的单位，而本身并不是所有人”。同理，村民委员会只能代表全体村民行使对档案的占有、使用、收益和处分权利，不能成为档案的所有人。如果行政村档案属于村委会所有，村民自治就可能变成少数村干部自治，造成权力制衡机制的不健全，村民的合法权益就可能受到伤害。而且，为集体所有的行政村档案如果仅仅由村委会几个人决定它的命运，它就不再是集体所有权，实际上是将集体财产变成了个人财产。这与行政村档案所有权的性质是相互矛盾的。

三、明晰行政村档案所有权的意义

行政村档案最终的归宿在哪里？行政村档案应不应移交乡镇档案馆或县档案馆？根据上述对行政村档案所有权主体的讨论，我们认为，实施村档村管才是行政村档案管理工作的根本原则。1998年颁布的《中华人民共和国村民委员会组织法》第二条，规定了村委会的性质，它是一个“村民自我管理、自我教育、自我服务的基层群众性自治组织，实行民主选举、民主决策、民主管理、民主监督”。村级组织不再是一级政权，它已从最初的“村政府”、“生产大队”、“村公所”演变为“村民自治委员会”。同样是这部法律又进一步明确了乡镇政府与村民委员会不再是领导与被领导的关系，而变成指导与被指导的关系。第四条规定“乡、民族乡、镇的人民政府对村民委员会的工作给予指导、支持和帮助。……村民委员会协助乡、民族乡、镇的人民政府开展工作”。由此，我们可以认为行政村不是隶属于乡镇政权的下级组织，国家行政管理部门不得干预依法属于村民自治范围内的事情，只能帮助、指导农村基层组织做好各项工作。所以县、乡（镇）、村分别管理各自的档案，即实施村档村管是行政村档案管理的根本原则，它既体现了我国档案工作“统一领导、分级管理”的精神，也符合村民自治的法律规定。

有的县、乡档案行政管理部门强行将行政村档案“移交”到乡镇档案馆或县档案馆，这种做法是缺乏法律依据和理论基础的。“村档乡管”也只是权宜之计，是贫困农村无奈的选择。根据《档案法》第十六条规定，“集体所有的和个人所有的对国家和社会具有保存价值的或者应当保密的档案，档案所有者应当妥善保管”，“对于保管条件恶劣或者其他原因被认为可能导致档案严重损毁和不安全的，国家档案行政管理部门有权采取代为保管”等措施。在行政村自我管理档案的条件尚不具备时，乡镇档案部门在最大限度地保证方便利用的前提下，可以适当采取一些诸如“村档乡管”等措施，帮助行政村积累档案材料，防止散失。档案行政管理部门面对行政村档案工作的艰巨性，既不能“越俎代庖”，也不能放任自流，可以采取分类指导的方式。对于集体经济基础较好，库房设施比较齐备，村民自我管理规范的行政村，其档案应实施自主管理。如果一个村集体积累少，办公条件确实恶劣，甚至档案面临散失的威胁，乡镇档案部门可以帮助行政村积累档案资料，暂时实施“代管”，但是代管程序要合法，需经过村民会议讨论同意，需办理必要的法律手续，减少管理过程中不必要的纷争。但随着农村集体经济的发展壮大，在各方面条件具备时，“代管”的档案最终应归还行政村，这才是行政村档案的最终归宿。

附录

农村档案工作常见问题解答

1. 基本建设项目过程中形成的会计档案如何编号？

答：基本建设项目中形成的会计档案，可以在全宗内分类方案的会计档案类目下，单独设类编号。在财务单一的单位，一般将会计档案设为一级类目，二级类目按形式设置凭证、账簿、财务报告、其他四类，下面再按阶段年度设置三级类目。而在财务种类较多的单位，除了单位会计外，可能还有系统会计、基建会计等，它们各自相对独立，分类编号时，不宜混在一起，可以按内容特征在会计档案下设置行政会计、系统会计、基建会计三个二级类目，在每个类下再分别按形式设置三级类目，按阶段年度设置四级类目。基本建设项目中形成的会计档案的类目号确定后，案卷号是在末级类目内按排列顺序编号。

2. 我是一个档案室的工作人员，经常遇到这样两个科技档案的组卷问题，不知如何处理更好：（1）属于同一张图纸目录而且是同一个专业的图纸，用一个盒子放不下；（2）属于同一张图纸目录但不同专业的图纸，组一卷还是多卷？能告诉我吗？

答：整理科技档案当然要遵循《科学技术档案案卷构成的一般要求》，但是该“标准”是对经过整理的科技档案所作出的规定，在许多方面并没有现成的做法，你提出的两个问题即是。在实际工作中通常有以下几种做法提供给你，可参考。第一个问题：首先选取较厚的档案盒，将所有图纸分别放在两个（或多个）盒中，再将该套图纸的目录复印一份（或多份），使得每一个档案盒都具备目录，以装满的档案盒为单位，组成两卷（或多卷），然后按照组卷的其他要求去做就行了。这样，属于同一张图纸目录且是同一个专业的图纸，可以组成两卷（或多卷），用相连的档号将其排列在一起。至于案卷题名，如果能分别给予当然最好，不好分别拟写也可用同一个题名，但要在题名之后加入“(之一)”、“(之二)”……或“(1/2)”、“(2/2)”（组几卷则分母为几）。有许多单位将装在四五个盒子中的图纸以一卷来对待，这样做虽然也不影响利用，但应具体情况具体分析，并不是所有案卷都适合这样处理。如，有规模较大工程中某一个专业图纸，折叠后用一节档案柜甚至更多才能放下，此时若只作为一卷来管理，实际上就失去了组卷的意义，会带来其他方面工作的不便。第二个问题：属于同一张图纸目录但不同专业的图纸，如果能放入一个档案盒当中，作为一卷对待就可以；若一个盒子放不下，则可考虑按照专业将其分成若干卷。与第一个问题的处理方式一样，将该套图纸的目录复印若干份，使得每一个档案盒都具备目录。这样组成的案卷可以分别给立题名。

3. 因为图纸修改而使得图纸的件数改变了，导致原来的编号（件号）不对了，那么应该如何修改？是不是重新盖档号章，重新填上件号呢？另一方面，可不可以先用铅笔填上，待图纸最终确定后，再用墨水笔填上最终的件号。但是这样以多长时间进行一次填写为宜呢?

答：方法（1）在原件号上加小注码作为修改后图纸的“件号”。如，原图纸为第“5”张，修改后改为用两张图纸代替原图，“件号”则编为5（1）和5（2)。这样，图纸顺序未被打乱，只是总件数改为原件数加“1”。方法（2）将修改后的图纸按序排在原图纸序列末尾之后，在“卷内目录”被替换的图纸相对应的“备注”上加盖“作废”章。对增添的图纸再完成加盖“档号章”、填写“卷内目录”等工作。方法（3）将修改后的图纸在原图位置排列，之后的其他图纸则进行“件号”的依次修改。不论采用哪种方法，都需要在“卷内备考表”内填写必要的说明，对于总件数的变化要特别注意。还有另一种情况，即科技文件材料运行阶段，在没有最终确认并归档时进行的初步整理，可采取先用铅笔编号的方法。

4. 我们单位工程设计变更时会有设计更改通知书，当图纸修改完毕后，设计更改通知书和新图纸就会一并送档案室保管，我想问问应该怎样处理设计更改通知书和新图纸。我们现在是将设计更改通知书作为工程原始资料另行保存，将新的图纸代替旧图纸，在备考表中注明，旧图纸作废。这样做是否妥当？设计更改通知书是不是应该和新图纸一起保存在图纸中呢？原图纸应该保留下来，还是应该重新鉴定后作出处理呢?

答：(1）实际工作中有这样的情况，一是设计更改通知书上所有更改内容都已体现在新图中，一是“设计更改通知书”加原图作为新图使用。对后一种情况，必须将“设计更改通知书”与原图整理在一起。对前一种情况，可采取A方法：若原有一套（卷）图纸中“设计更改通知书”较少，可将其与此套（卷）图纸一并整理。所有“设计更改通知书”按序排列后，放在已整理好的该卷所有图纸后面。将图纸折叠成四号图规格、不装订，以方便阅图与复制，遇有纸质与规格不同的情况，可将所有“设计更改通知书”装订在一起。编写页号（或盖“档号章”）、填写卷内目录等工作与其他案卷整理相同。B方法：若形成的“设计更改通知书”很多，则需要将其单独整理。整理方法与一般文字材料相同，但注意在排列上要遵循原有设计工作的规律。以上两种情况都应在“卷内备考表”中作出关于图纸修改方面的说明。

（2）将设计更改通知书作为工程原始材料另行保存的做法是可以的，但要确认所有更改内容都已体现在新图中。

（3）原图纸是否应该保留，要执行本单位的相关规定，是销毁还是留作他用。但有一点是明确的，即不能与原有档案混在一起。

5. 根据科技档案案卷构成的一般要求中的内容，印刷成册的科技文件材料不装订，与其他科技文件组成一卷时，作为一份文件填写卷内目录不重新编写页号，备注中注明总页数。那卷内目录中页号是否填写该册的总页数？

答：国家标准《科学技术档案案卷构成的一般要求》对成套图样或印刷成册的科技文件材料有两种整理方式，一种是自成一卷的，原目录可替代卷内目录，不必重新编写页号，这时卷内目录中的“页号”填写实际页数。另一种是与其他科技文件材料组成一卷。对于这种整理方式，我们的建议是组成不需要整体装订而按件装订的案卷，即每一份（包括印刷成册的）文件加盖“档号章”，印刷成册的文件不重新编写页号，卷内目录中的“页号”填写每份文件的实际页数。提问中的“印刷成册的科技文件材料不装订”，应理解为不需要重新装订。

6. 竣工图采取不装订方法立卷，是否每张图纸都一定要加盖档号章？当一张图纸没有空处时，档号章能否加盖在其背面？在实际工作过程中，一张A4图纸本身内容就很丰富，按规定在其上面加盖了竣工图章、已会审章，又再加盖档号章，那么整张图是否太花了？

答：采取不装订方法立卷，每张图纸一定要加盖“档号章”，以此来固定分类、排列的顺序。这是一个不能缺少的工作程序。如果图纸没有空白处或加盖“档号章”后影响阅读图纸及图面的整洁，可以盖在图的背面。但要注意，尽量选择在每一张图纸的相同位置盖章，以求得管理的便利。

7. 同样的文件如果一个档案盒装不下，启用另一个档案盒时，档案编号是否应一致，或采取相连的编号？

答：根据题目中所示，“同样的文件”指的应该是“同一事由的文件”。按照《归档文件整理规则》，编号、装盒的基本原则为，在分类方案的末级类目内，严格按文件顺序编号、装盒，这样，同一事由的文件，可能分装在不同的盒子中，但件号依然应该是连续编制的。而对科技档案的整理则可以这样来做，即：对于同一事由形成的管理性材料，可组成一卷或若干卷，当然就不存在你说的情况。对于图纸的整理却经常出现这种现象，即一套图一个档案盒装不下，需要启用另一个档案盒甚至多个档案盒。遇到这种情况可以采用以下方法：(1) 在一整套图中严格按专业或结构或其他特征将其区分为不同的组但仍具有有机联系，以形成不同的案卷，就可解决一个档案盒装不下的问题；(2) 如果涉及一个专业的图纸很多而又确实不好区分的话，可以将它们连续地排列在多个盒子中，每个档案盒使用一个档号，此时案卷题名也最好分别拟写。如果案卷题名不易于区分，可在案卷题名之后标注（一）、（二）、（三）等，将图纸目录放在第一盒，同时复印相关部分目录放在其他盒中，以便于查看。

8. 什么叫“副本”? 规范上的副本是指：再现正本内容和形式特征的复本，备存查和通知有关方面之用。我所理解的副本不是副本中的档案资料为复印件的意思，但从其他单位移交的资料看，好多把副本理解成复印件了。

答：“文件正本以外的其他本”为“副本”。如果把副本理解为档案原件的复印件是不对的。在实际工作中，有许多因管理的需要而设置有正本和副本，其中正本是最齐全完整的材料，而副本则是因需要而有选择的材料（当然也有完整一套的情况）。如，许多档案室每年都做的一项工作——编制“发文汇集”。发文汇集就是汇编成册的本单位的发文集，它是用文件的副本编辑而成，是作为资料管理和提供利用的，属于档案参考资料的一种。《国有企业文件材料归档办法》第二十三条规定，“归档的文件材料一般一式一份，重要的、利用频繁的和有专门需要的可适当增加份数”。在这一原则指导下，许多企业对于设备材料的归档份数采取灵活的办法，即如果是一般设备，留存一份正本，而将说明书多留存一份副本。如果实际工作中设备材料可能利用比较频繁、有的甚至需要借出档案室等需求，归档时则可将需要的材料多留存几份副本。

9.（1）精装成册的资料自成一卷时，需要重新编制页码吗？卷内目录页次空格内如何填写，是填写1－＊页，还是填写总页数＊。当几本精装成册的资料（内容衔接成套）能同时放入一个档案盒内归档吗？若能需要逐本重新连续编写页码吗，卷内目录中的页次如何填写？（2）一个档案盒内允许装几卷资料？案卷题名能综合几卷的内容拟写吗？（3）科技档案统计卷数时是以档案盒为单位吗？是一盒为一卷，还是按一个卷皮、卷内目录、备考表装订在一起一本资料为一卷？

答：（1）《科学技术档案案卷构成的一般要求》中的5.1.3条目规定，“成套图样或印刷成册的科技文件材料，自成一卷的，原目录可代替卷内目录，不必重新编写页号；与其他科技文件材料组成一卷的，应排在卷内文件材料最后，将其作为一份文件填写卷内目录，不必重新编写页号，可在备注中注明总页数”，所以，精装成册的文件材料自成一卷时，不必重新编制页码，卷内目录页次空格内建议填写“1－＊”页；几本精装成册的文件材料可以组成一卷，卷内目录中的页次可分别填写为“1－＊”，“1－＊”，以此类推。（2）一个档案盒内应该放置几卷资料，不可能统一规定，应该视盒子的容量及案卷的厚度而定。不过无论放置几卷，都无须综合几卷的内容拟写题名，也不需要在盒脊上填写题名。因为，一卷就是一个独立的单位，包含着唯一的档号、题名及特定的内容。(3) 档案工作中的卷数统计，是以完整意义上的“卷”为单位的，即由唯一对应的卷内文件材料、档号、题名、卷内目录、备考表等构成的一“卷”为一个统计单位，而档案盒、档案柜只是档案资料的保管装具，一般不作为统计单位。

10. 请问照片如何分类编号?

答：如果一个单位已经成立了综合档案室，并对本单位形成的各种门类和各种载体的档案实行了集中管理，制订有统一的分类编号方案。照片档案的分类编号应在这个分类大纲的指导下进行。如照片档案可以设照片、底片两个二级类目，若照片数量很少，就没有必要再设三级类，只需将照片组成案卷，按时间顺序排列编目即可；如果每年形成的照片数量较多，可以按问题分成若干个三级类，每类中再按年度结合事由组卷，排列编号，登记案卷目录。如果一个行政村的档案尚未实行集中管理，即单位形成的文书档案、科技档案、会计档案、(业务) 档案、声像档案 (包括照片档案) 分别由各部门管理。譬如文书档案属于办公室管理，会计档案归财务处管理，声像档案分散在各个部门或主要由宣教处或视听中心管理。可以参照上述方法，先给照片档案一个临时编号，待集中管理后再进行系统的分类编目。

11. 不同年度的照片能否归入同一册?

答：这个问题涉及照片的分类。不同年度的照片能否归入同一册取决于整理照片时的分类方法。按照《照片档案管理规范》的要求，照片“应在全宗内按保管期限——年度——问题进行分类，跨年度不可分的照片，也可按保管期限——问题——年度进行分类”。

如果一个单位每年形成大量的照片，像报社、杂志社等新闻单位，整理照片时可采用保管期限——年度——问题分类法，即将照片首先按保管期限分为永久、长期、短期三类，每个期限中再分年度，然后再按问题分为若干类，将反映不同问题的照片按其内容归入不同的类，分别整理编号。采用这种分类方法的单位，不同年度的照片就不能归入同一册。如果一个单位每年形成照片量不大，分类方法则不宜过细，可采用保管期限——问题分类法，即将应该归档的照片，先分开期限，每个期限中可按问题划为会议照片类、业务建设类、职工文体活动类等几个大类，不同的内容分别归入不同的照片册，下一年度的照片可接续上一年度的排序编号，亦即混年度组卷，这时不同年度的照片便可归入同一册。可以说，大多数的基层单位均可按这种方法操作。

12. 档案室底片如何编号?

答：档案室对室藏底片的编号，应按照档号编制规则和全宗内统一的分类编号方案进行。

根据《照片档案管理规范》的要求，档号的编制，一要完整成套，二要做到“四不重复”，即各层次中的编号不能重复。因而，底片的编号应包括全宗号、类目号、案卷号、张号四个层次。全宗号即档案馆给本单位的代号；类目号应根据照片档案在全宗内统一的分类编号方案中的位置编制，假如分类方案中设有六个一级类目，其中声像档案的代号为5，声像档案设有三个二级类目，其中照片档案的代号为1，底片的类目号就是5.1；案卷号就是底片册的顺序号(底片册与照片册混排)；张号就是某张底片在一册中的顺序号，底片数量少的单位，一般按底片收到的先后顺序装册，并在每册中流水编号，底片多的单位可以按照底片的尺寸，也可以按照底片反映的问题分门别类装入不同的底片册，然后在每册中流水编号。

13. 我要将单位多年来形成的荣誉档案进行鉴定销毁，但不知以什么标准界定档案级别和保管期限，请求您的支持。

答：2002年，国家档案局、国家经贸委、国家计委联合发布《企业档案管理规定》，要求“企业根据有关规定，确定档案保管期限，划定档案密级”，“企业对保管期限已满的档案进行鉴定。对确无保存价值的档案登记造册，按有关规定经企业法定代表人批准后进行监销”。但据我们了解，关于荣誉档案及其级别、保管期限，目前国家法律法规中尚无明确规定，甚至对荣誉档案这个概念也没有严格界定。这里仅提供一些地方和行业做法供参考。

1997年，由山西省技术监督局发布的《山西省企业事业档案标准》中，DB14/T81.07—1997《企业档案归档范围及保管期限标准》规定，“荣誉证书、优质产品证书、奖状、锦旗、奖杯、奖牌等”，获得国家颁发的永久保存，省部级以下的长期保存。

2001年，中国建设银行制定了实物档案管理专项规定，其中将荣誉奖品划归实物档案的一个类别，具体包括“上级行、上级单位及国内外重要社会团体向本级行颁发和赠与的荣誉证书、奖状、奖牌、奖杯、奖章、锦旗及其他荣誉奖品”，并在第六条指出“建设银行实物档案的保管期限统一规定为永久”。

我们的意见是，判定荣誉档案的价值，可从两方面考虑，一是制发荣誉奖品的单位级别，一是荣誉奖品包含的内容。制发单位级别高的、综合性反映本单位主要职能的荣誉奖品保管期限较长；而制发单位级别低的、内容反映了单位辅助职能的荣誉奖品，保管期限较短。

14. 请问等级证书和荣誉证书的责任者是制发证书的单位还是证书针对的人？

答：等级证书和荣誉证书的责任者应该是制发证书的单位。

在档案整理工作中，“责任者”指的是“对档案内容进行创造或负有责任的团体和个人，亦即文件的署名者”。等级证书和荣誉证书是一种资质证明，也可看做是一种特殊的文件，其中制发证书的单位可看做发文单位，它创造了文件内容并对其负责，而证书针对的人（单位）可看做文件的主送单位（收受单位或个人），它们只是证书的持有者，而非证书的责任者。

15. 营业执照、房屋所有权证、审验报告、企业用工许可证、卫生许可证、土地使用证这些企业的证件应该归到哪一类目，可不可以将以上几项做一个目录不和档案放在一起管理？

答：按照企业档案分类的基本思路，上述材料应分属于行政管理/经营管理/生产技术管理等类。有些单位，为了查阅的方便，在实物档案类下专门设置资质类，将这些资质类的证书一并纳入。这种做法也同样可行。不过无论归入哪一类，这些文件都是企业非常重要的档案，必须纳入统一的分类方案中管理。

16. 我单位有很多的实物档案，如奖杯/奖状/锦旗/证书/纪念品等。我以前分成两大类：即荣誉类和其他类（包括赠品/纪念品等），两大类分别按年度编流水号，编号后发现：荣誉类的证书和奖杯等因没放在一起（证书是放在柜子里，而奖杯等是摆出来的），在荣誉类里编流水号就不合适了，证书的号是断的，因为是和奖杯等一起编号的（只有在目录里看才是连续编号的）。

答："荣誉实物"档案作为档案管理的一个大类，可以在其下再设置几个二级类目，如"奖状"，"锦旗"，"奖杯"，"证书"，"其他"，这样可分别在各自的类目下排列顺序号。

17. 文书立卷中，遇表格时如何抄写卷内目录？

答：在整理文件材料时，经常遇到一些表格，常见的如统计报表、各种申报表、审批表、调查表等。这种表格大多名称相同，而填表的单位或责任人不同。遇到这类文件材料，编制卷内目录的方法一般有三种：一种是，如果表格作为一份正式文件的附件，一般正文的末端会标注"附：×××表"的字样，这种情况下，抄写卷内目录时，可只登记正件，不登记附件。第二种是，表格作为一份正式文件的附件，但未在正文的末端标注附件，这属于公文处理不规范的问题，为了检索的方便，必须逐份登记卷内目录。第三种情况是，表格作为独立的文件出现，如年终统计报表，这种情况，抄写卷内目录也须逐份登记，可以照实登录每份表格文件的名称和责任人，也可以第一份文件登记全称，后面文件只登记责任人。值得注意的是，必须逐份表格登记，不能厚此薄彼，因为表格名称相同时，真正具有检索意义的正是每个责任人，所以，每一个单位或人名都不能省略。

18. 本单位的发文可不可以按文号组卷？

答：不可以。因为按文号组卷不符合文书立卷原则。文书立卷的基本原则是，遵循文件材料的形成规律与特点，保持文件之间的有机联系，区别不同价值，便于保管和利用。第一，按文号组卷人为地破坏了文件之间的有机联系。文件材料可以按照其内容、责任者、时间、地区、名称、通讯者等特征组卷，但不论采用哪种方法，都必须遵循文件材料的形成规律与特点，保持文件之间的有机联系。经过整理后的文件材料，要真实、系统地反映每一项工作每一个问题的来龙去脉。譬如，召开一个会议，首先需要请示分管领导，形成请示报告卡、会议预算，领导同意后，要以正式文件的形式发出会议通知或传真电报，召开会议时，可能形成秩序册、领导讲话、会议报告、典型材料、会议总结等材料。由于一般单位从发出会议通知到会议召开可能相隔一段时间，如果按文号组卷，就会将会议通知与本单位的发文组为一卷，其他会议材料另组一卷。这样，一个会议的材料的系统性、成套性被割裂了，文件之间的有机联系也被人为地破坏掉了。第二，按文号组卷易将不同价值的文件混为一卷，给将来的鉴定和进馆工作带来不便。按文号组卷就是将文件按发文的先后顺序排列成卷，而单位的每一个发文，价值有大小之分，保存期限有长短之别，如：某单位2000年1—50号文件，有的可能是永久保存，有的可能是长期保存，也有的可能是短期，如果组为一卷，短期档案到期鉴定销毁时，就不得不拆卷。同样，将具有长久保存价值的档案移交进馆时，也得拆卷，重新整理编号，浪费了人力和物力。所以，按文号组卷给后续的管理工作带来不便。第三，按文号组卷也不便于利用工作的开展。按文号组的卷，内容庞杂，其案卷标题很难以简明的语言准确揭示出卷内文件的主题内容。如果利用者在查阅某一文件时，提供的检索信息是主题内容，而非文号，在手工检索条件下，管理人员很难迅速、准确地调出案卷，满足利用者的需要。如果利用者需要查阅有关某一事由的全部文件，管理人员就更难应付了。即使在计算机辅助档案管理的今天，检索速度、查准率和查全率提高了，但由于按文号组的卷，内容分散，关于某一事由的全部文件可能零零落落分布在许多卷中，这无疑大大增加了管理人员调档与归位的工作量。第四，近几年，尽管国家档案局在档案管理方面提倡“简化整理、深化检索”的指导方针，并于2000年12月颁布了《归档文件整理规则》，文件材料实行按件管理。但其整理原则依然不变，文件的排列依然强调了“事由原则”，要求将同一事由形成的文件排列在一起，使文件间的有机联系得以充分体现。而不是单纯按文件的形成时间（或文号）排列。总之，整理文件材料时，无论采用什么方法，都不能违背最基本的整理原则。

19. 基层单位档案室的同志问：一卷内应该有多少页，是否有规定？

答：没有规定。一卷内的页数多少是由组卷情况决定的，卷组得厚，页数就多，卷组得薄，页数就少。案卷质量的基本要求是：遵循文件材料的形成规律和特点，保持文件之间的有机联系，区别不同价值，便于保管和利用。组卷的根本目的是为了便于保管和利用，并不是为了组多厚必须有多少页。20世纪80年代以前，有些教科书和实际业务指导中有一些提法，即案卷页数200页左右，但这并不是规定。200页左右，往往卷内问题比较杂，案卷题名拟写不准确，查找起来比较困难，80年代以后，也就是《机关档案工作业务建设规范》下发后，文书立卷主要以问题为主，兼顾其他特征，案卷提倡立薄卷，一卷内问题单一，文件特别少时可两三个问题组合在一起，如果问题单一，200页左右也可以，这样既便于保管，更方便查找。因此，一卷内的页数要根据组卷情况来掌握，不要死搬教条。

20. 按《归档文件整理规则》的规定，将取消原来的文件级和案卷级两级目录，实行归档文件目录，那么形成的归档文件目录如何与其他类档案（如会计档案、科技档案）的案卷目录一起编号呢？

答：这是一个《规则》实施后档号尤其是类目号（目录号）如何编制的新问题。《归档文件整理规则》实施后，文书档案原有的目录——卷内文件目录、案卷目录、全引目录——将不复存在，改为归档文件目录，这是一种文件级的目录，而一个全宗内的其他门类档案，如会计档案、科技档案、专业档案等一般形成案卷级目录。这两种目录形式，如何一起编号，实现有序化的管理呢？如果一个全宗中制定了统一的分类编号大纲，各种目录可按其在大纲中的位置编制类目号（见山西档案网站有问有答92、66题，归档文件目录类目号的编制方法参见有问有答117题）。如果一个全宗中尚未制定统一的分类编号大纲，各门类档案分别执行不同的编号体系，可将归档文件目录、会计档案案卷目录、科技档案案卷目录、专业档案案卷目录，按一定的顺序流水编号，并编制目录登记簿，以便于管理。

参考文献

1. http：//××gk. nkjx. gov. cn/bmgk××/daj/gzdt/tjs 南康市档案局网站

2. http：//www. smxs. gov. cn/西北旺镇政府网站

3. http：//www. sz-qb. com/newscontent/新南村网站

4. http：//xnc. zjnm. cn/zd××/xwlb/view. jsp 泗泾村网站

5. 靖永健，蒋思胜，《关于“村档乡（镇）管”工作的实践与体会》，《山东档案》，2004 年第 1 期

6. 沈宇红，《服务农村 情系百姓》，《中国档案》，2006 年第 10 期

7. 陈壮，《农村文书与档案工作手册》，中国档案出版社，1996 年版

8. 林清澄，《档案室业务建设指南》，山西人民出版社，1992 年版

9.《浙江省行政村档案材料归档范围和保管期限表》，http：//blda. bl. gov. cn/